라디오
키즈의
탄생

라디오
키즈의
탄생

금성사 A-501 라디오를
둘러싼 사회문화사

김동광 지음

궁리
KungRee

굴곡진 현대사의 격랑 속에서

라디오 기술문화를 일군 모든

땜장이, 애호가, 자작가 들에게

근대사의 굴곡과
라디오 기술문화의 형성

우리나라의 과학기술은 한국 근대사의 고달픈 굴곡을 거치면서 많은 영향을 주고받았고, 그 과정에서 빚어진 특징은 지금껏 고스란히 간직되어 있다. 너무도 당연한 이야기이지만, 과학이나 기술은 그 자체로 존립할 수 없으며 그 사회의 역사, 사회, 문화 속에서 꽃피고 그 시대를 살았던 수많은 군상들과 상호작용을 한다. 우리에게 과학과 기술은 근대의 다른 문화나 제도들과 마찬가지로 철저한 수입품이지만, 그렇다고 해서 사회적 맥락이나 문화적 특성이 없는 것은 결코 아니다. 사실 유럽과 미국 등 근대 과학기술이 처음 발상한 곳을 제외하면 근대 과학은 모든 나라에서 수입품이며, 그 나라의 역사와 사회의 맥락에 따라 제각기 다른 경로로 수입되고 소비되었다. 그리고 이러한 경로 특이성이 저마다 다른 과학과 기술문화를 형성했다.

역사적으로 라디오는 출현과 함께 많은 나라에서 공보(公報) 수단으로 활용되었다. 나치 독일과 같은 권위주의 정부는 당시 새롭게 등장한 매체인 라디오의 중요한 특징을 간파하고 정치적 프로파간다의 도구로 적극 활용했다. 이러한 정황은 대공황에 처한 미국에서도 마찬가지였다. 루즈벨트 대통령은 나치와는 조금 다른 방식이었지만 초기에 국민들에게 위기를 극복할 수 있다는 자신감을 불어넣기 위해, 그리고 2차세계대전 참전 이후에는 국민들의 전쟁 참여를 독려하기 위해 라디오 방송을 십분 활용했다.

우리나라에서도 라디오는 해방과 건국, 미군정, 한국전쟁, 5·16 쿠데타, 박정희 군사정권의 수립과 경제개발계획, 새마을운동과 전 국민 과학화 운동 등 격랑의 현대사를 거치면서 독특한 사회 문화적 지위를 차지했다. 히틀러와 루즈벨트와 마찬가지로 박정희는 군사 쿠데타로 정권을 장악한 직후부터 라디오의 중요성을 인식했다. 군사정부는 제3공화국 수립의 정당성을 알리고 북한과의 체제경쟁을 위해 반공주의를 고취시키고, 경제개발계획 등 정부 시책에 국민들을 적극적으로 동원하기 위한 수단으로 라디오를 농촌과 어촌에까지 널리 보급하기 위해 '농어촌 라디오 보내기 운동'을 폈다.

또한 전쟁으로 피폐화되어 도시와 농촌을 막론하고 하루하루 살아가기 바빴던 민초들이 라디오에서 흘러나오는 〈노란샤쓰의 사나이〉를 따라부르고, 〈청실홍실〉이나 〈하숙생〉과 같은 연속극을 들으며 시름을 달래기도 했다.

　이러한 과정에서 흔히 국산 최초라 불리는 '금성사 A-501' 라디오는 독특한 지위를 갖는다. 금성사 A-501 라디오가 '국산 1호'로 불리게 된 데에는 복합적인 의미가 있다. 1959년 당시 선거를 앞두었던 이승만 정부는 최초의 국산 라디오 생산이라는 업적을 등에 업으려 했고 〈대한 늬우스〉에서 대대적으로 국산 라디오 출현을 보도했다. 이후 군사정변으로 정권을 잡은 박정희 군사정부에게도 국산 1호라는 상징성은 중요한 의미가 있었다. A-501 라디오를 제작한 당시 생산과장 김해수의 증언은 이러한 과정을 잘 보여준다. 박정희에게 라디오는 공보수단으로 일차적으로 외국산보다 싼 가격에 대량생산할 국산 라디오가 필요했지만, 이후 정권의 정당성을 확보하기 위해 내건 조국 근대화와 경제 개발의 구호를 실천하기 위해 '국산 라디오'는 국민들에게 자부심을 불러일으킬 수 있는 상징적 의미를 가졌다. 따라서 국산 1호의 정의는 실제 누가 설계를 했는지, 국산 부품이 얼마나 들어갔는지 여부보다는 국산 라디오를 필요로 한 당시 정권, 밀수품과 힘겨운 경쟁을 벌여야 했던 제조사인 금성사, 그리고 전쟁으로 피폐화된 상황에서 '국산 라디오를 듣는다'는 자부심으로 일말의 위안을 얻을 수 있었던 국민 모두가 필요로 했던 '수사적(修辭的) 정의'에 해당했다.

　그렇지만 우리나라에서 라디오가 단지 개발독재의 공보수단으로 활용되는 데 그친 것은 아니다. 라디오는 이후 텔레비전에게 대중매체의 왕좌를 내주기까지 1960년대에 황금기를 구가했고 민초들의 사랑을 한몸에 받았다. 기술은 처음에 등장한 이후 사회적으로 수용되는 과정에서 역동적인 변화를 겪는다. 그리고 처음 그 기술이 개발되었던 의도와 다른 새로운 의미를 획득하는 경우가 부지기수이다. 라디오처럼 많은 사람들에 의해 사랑받은 매체기술의 경우는 그 역동성이 더욱 두드러진다. 우리나라의 라디오 산업은 박정희 군사정권의 공보수단으로 크게 진흥되었고, 보급 대수가 급속히 늘었으며, 스피커 보내기 운동과 앰프촌 형성 및 유선방송 활성화로 청취 양식도 초기에는 의도적 '집단 청취' 양식이 일반적이었다. 그러나 박홍용의 뛰어난 작품에서 잘 묘사되었듯이 농촌에 설치된 '스삐꾸'는 주민들의 자발적인 통신 네트워크로 재구성되었고, 경상남도 한촌(寒村)의 라디오 소년은 유선방송 시스템을 개조해서 독자적인 음악 방송 기능과 통신 기능을 부가해 '농촌의 귀염둥이'로 바꾸어놓았다.

라디오 기술의 재구성은 자작 문화의 형성 과정에서도 두드러진다. 라디오 방송이 처음 시작된 20세기 초부터 스스로 부품을 만들거나 구해서 무선통신 기기와 라디오 수신기를 자작하려는 움직임은 세계적으로 공통된 현상이었고, 우리나라에서도 해방 전부터 소수 엘리트 얼리 어댑터들에 의해 시도되었다. 해방 후 미군정 시기에는 일제 무전기 폐품과 미군부대에서 흘러나온 부품들을 판매하던 장사동을 중심으로 활동한 '장사동 키즈'가 탄생했다.

　한편 1960년대 이후의 라디오 자작 문화는 당시 지배적이었던 애국주의와 떼려야 뗄 수 없는 특징을 배태했다. 이것은 우리나라에서 과학과 기술이 도입된 역사적 및 사회적 맥락에서 기인하는 특성이라고 할 수 있다. 일제 강점기에 일제는 수탈을 위한 도구로 기능공을 양성했을 뿐 소수 인사들이 해외유학을 한 것을 제외하면 과학은 거의 불모지였다. 우리가 처음 과학을 접한 통로는 주로 전쟁이었고, 전후에는 피폐해진 나라를 재건하기 위해 과학입국과 조국 근대화의 요란한 구호를 통해 과학과 기술 담론이 형성되었다. 따라서 서구나 일본의 라디오 문화와 달리 애국주의와 국가주의의 특성이 강하게 배어들었다. 1959년에 《전파과학》을 창간한 선각자 손영수, 1960년대에 청소년의 과학기술문화 형성에 크게 영향을 미친 《학생과학》, 『419회로집』 등 수많은 회로집을 내서 라디오 보이들에게 보배와 같은 존재였던 김병진은 모두 기술입국과 조국 근대화, 전국민 과학화를 주창했다.

　이 책은 1959년에 출시된 금성 A-501 라디오를 둘러싼 사회문화사를 당시 라디오라는 기술문화를 중심으로 살펴보려는 시도이다. 이 분야의 선행 연구들은 주로 언론과 방송학을 중심으로 이루어졌고, 기술문화와 사회적 분석은 거의 없는 형편이다. 특히 라디오 자작 문화에 대한 연구는 이루어지지 않아서 필자의 개인 경험과 1차 문헌들에 대한 조사 등을 통해 더듬어

나가고 있는 상황이다. 따라서 이 책은 이러한 암중모색의 중간 보고쯤인 셈이다. 앞으로 좀더 연구가 진행되어서 라디오를 둘러싼 기술문화의 특성을 밝혀내는 데 조금이라고 기여할 수 있기를 바란다.

용인에서 지은이 김동광

차례

---------------- **1부** ----------------
라디오를 둘러싼 사회-문화적 맥락

3장. 1960-1970년대 라디오 문화 속에 내장된 '기술입국'과 '애국주의'   81

———————————— 2부 ————————————

라디오 자작 문화, '장사동 키드'와 '라디오 보이'의 탄생

4장. 라디오 기술의 재구성   117

1부

라디오를 둘러싼
사회-문화적 맥락

1장

—

금성사 A-501
라디오의 등장

　　전후 '동동구리무' 럭키크림으로 시작해서 럭키치약의 성공에 이어 플라스틱 제품 생산으로 큰 돈을 벌었던 락희(樂喜)화학은 1957년부터 전자공업으로 사업을 확장하는 방안을 검토했다. 초기에는 황무지와 같은 상황에서 회사 내에서 부정적인 기류가 지배적이었다. 가장 큰 우려는 미군 PX와 밀수 등으로 일제와 미제 수입품 라디오가 이미 대량으로 유포된 상태인데 기술적 기반도 없는 상태에서 국산 제품이 설 자리가 없을 것이라는 주장이었다. 이러한 반대에도 금성사를 세우고 국산 라디오를 생산하기로 결정한 데에는 구인회 초대 사장의 역할이 컸다. 구 사장은 형제들을 불러모아놓고 이렇게 말하면서 전자공업에 착수하기로 선언했다.

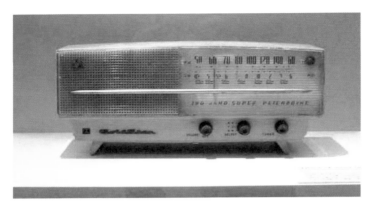

그림 1 금성사 A-501 라디오

"우리도 영원히 PX에서 외국 물건만 사 쓰고 라디오 하나
몬 맹글어서 되겠나, 누구라도 해야 할 것 아닌가. 우리가 한분
해보는기라. 먼저 하는 사람이 고생도 되것지만 고생하다 보믄
나쇼날이다 도시바다 하는 거 맹키로 안되것나."[1]

금성사는 1958년 10월 1일에 설립되었다. 구인회 사장은 창
립 이전인 1958년 9월에 금성사 창업 멤버 중 한 명인 기획부
장 윤욱현씨의 추천으로 독일인 헨케(H. W. Henke)를 기술 고
문으로 채용해서 각종 전기 및 전자기기와 재료의 설계 및 제
조의 책임을 맡겼다. 헨케는 금성사의 첫 라디오를 "전기전용 5

---

1 금성사, 1985, 『금성사 25년사』, 134쪽

1부. 라디오를 둘러싼 사회-문화적 맥락

구 중파 및 단파 2밴드 수신기의 5와트 음성출력 라디오"로 결정했고, 1차로 3천 대를 생산하기로 했다.[2] 그러나 이후 금성사 최초의 라디오 A-501[3]을 설계하고 제작한 실질적인 인물은 하동중학 교사 출신인 김해수(金海洙) 주임이었다. 김해수는 한국전쟁 당시 부산에서 라디오상을 경영하기도 했고, 미군 라디오 전문 수리점도 운영해서 실무와 이론을 겸비한 당시 보기 드문 라디오 전문가였다.

헨케가 김해수를 선발했지만, 두 사람은 이후 설계와 제작 과정에서 계속 의견 충돌을 빚었다. 라디오의 섀시와 외부 상자, 즉 캐비닛 설계에서 헨케는 독일식으로 "유럽 중세의 고딕양식 교회건물처럼 아래위로 긴" 구조를 주장했지만, 김해수는 "최신형 일제 라디오[4]를 모방해서 옆으로 길고 나지막한 몸체의 전면에 투명 다이얼판을 붙인 세련된 형태"를 주장했다.[5] 결국 김해수의 제안이 채택되었고, 이후 헨케는 회사를 그만두었다.

A-501을 전기용으로 만들기로 한 것은 당시 전력 사정으로는 상당한 모험이었다. 정전이 잦았고, 전압도 100볼트가 유지되지 않아서 불안정했지만 전기 전용 방식을 채택한 것은 전지

---

2 김해수, 『아버지의 라디오, 국산라디오 1호를 만든 엔지니어 이야기』, 느린걸음, 2007, 141쪽
3 A는 건전지가 아니라 가정용 전기를 쓴다는 AC, 5는 5구, 01은 라디오 1호라는 뜻이다.
4 일제 산요 라디오가 모델이었다.
5 김해수, 같은 책, 145-146쪽

그림 2　1959년 금성사 연지동 라디오 공장.(출처: 한국전
──── 자정보통신산업진흥회 『대한민국전자산업 60년
의 기적』 17쪽)

용 라디오의 회로가 더 복잡해서 설계상 어려움이 있었기 때문이었다. 다만 전압이 50볼트 이하로 떨어지는 경우도 있었기 때문에 50볼트 전력으로도 사용이 가능하도록 설계했다.[6]

그러나 가장 큰 문제는 부품이었다. 당시 기술 수준으로는 부품을 수입해서 조립하는 것이 가장 편한 방법이었지만, 금성사는 주요 부품을 제외하고 상당 정도까지 부품 자체 제작을 시도했다. "진공관, 스피커, 레디스타, 더스트 코어, 볼륨, 컨트롤 등은 수입한 반면, 스위치, 샤시, 노브, 트랜스, 스크류, 너트, 플레이트, 소켓, 코드 등은 자작생산했다."[7]

그러나 부품을 자체 제작하는 과정에서 많은 시행착오가 따랐고, 제품의 안정성 때문에 시제품을 1959년 8월경에 제작하고도 2-3개월이 지난 후에야 상공부 제4133호 상표 등록을 마치고 정식으로 출하할 수 있었다. 첫 출하된 A-501의 가격은 당시 비슷한 외제 라디오의 가격이 3만 3천 환 정도였던데 비해서 30퍼센트나 40퍼센트 정도 싼 2만 환 가량이었다. 그 무

6　금성사, 같은 책, 153-154쪽
7　금성사, 같은 책, 154쪽

　　　　　　　　　　　　　　　　1부. 라디오를 둘러싼 사회-문화적 맥락

렵 최고급 라디오로 치던 미국 제
니스 라디오는 암시장에서 45만
환에 팔렸는데, 이는 당시 쌀 50가
마 가격이었다. 2만 환이라는 가격
도 당시 대학을 졸업한 금성사 직
원의 월급이 약 6천 환이었는데,
세 달치 월급을 모아야 살 수 있는
정도였다. 그러나 미군 PX를 통해
시판되던 제니스 라디오에 비해서
는 훨씬 싼 가격이었다.[8]

그림 3 미군과 함께 온 제니스 라디오. 당
─── 시 쌀 50가마 값으로 암거래되어
부의 상징이었다. (CC) Joe Haupt

당시 『국제신보(國際新報)』 11월 4일자는 이렇게 A-501 예
고 기사를 보도했다.

우리나라 최초의 국산 라디오가 드디어 「쇼 윈도」에 나타나
게 된다.

그동안 라디오 생산에 필요한 제반시설을 갖추어 오던 금성
주식회사는 마침내 다량 생산단계에 들어갔으며 오는 11월 15
일경 전국 상점에 일제히 공급하게 되었다. 약 3백 명의 종업원
들이 일하는 현대적 시설로 한 달에 3천 대를 만들 수 있는데
우선 처음 나올 제품은 세 가지 종류이며 제일 먼저 나올 것이

8 한국경제, [건국 60년…도전의 순간들] (3) 1959년 금성사 라디오, 2008. 08. 05

사진에서 보는 바와 같은 「골드 스타」 A 501호이다.

　이 501호는 전기전용이고 진공관은 5구, 「스피커」는 5인치, 그리고, 중파단파를 다 들을 수 있으며 「이어 폰」도 달 수 있다. 모양은 요즘 외국서도 유행하는 탁상용 최신형으로서 「케이스」는 「플라스틱」이며 색깔은 다섯 가지 종류가 있다. 성능에 있어서 결코 같은 형의 어떠한 외국산에도 떨어지지 않는다.

　구매자에게 가장 큰 관심사로 되어 있는 가격은 외국산보다 3할 내지 4할 정도 싸게 팔 예정이라 한다. [중략] 아직까지는 진공관, 스피커, 바리콘 등 전부속품의 약 3분의 1을 미국 및 서독에서 수입하고 있으나 그 외의 일체 제조과정은 우리 손으로 만들어지고 있다. 성능이 좋다는 이유의 하나가 외국산의 우수한 부속품만 골라서 쓰고 있기 때문이기도 하다는 것이다. 전지용이 아니고 전기전용인 이 제품들은 우리나라 전력사정을 고려하여 50 「볼트」의 전력으로도 들을 수 있도록 만들어져 있다.[9]

　이 보도와 광고에서 볼 수 있듯이, '최초의 국산 라디오'에 대한 강조가 두드러진다. 《국제신보》의 보도에서는 전체 부속품의 3분의 1은 미국과 서독 등에서 수입했지만, 나머지는 국산이라는 점을 강조했고, 초기 광고들은 '우리나라의 실정에 맞

---

9 금성사, 같은 책, 156-157쪽에서 재인용

그림 4 '우리나라 실정에 맞는 특수 설계'와 '저
────── 렴한 가격'을 강조한 초기 광고

그림 5 국내 최초의 국산 라디오 A-501의 출시
────── 보도기사(1959년 11월 4일자 《국제신
보》) (출처: 금성사 1985, 112쪽)

그림 6 '낮은 전압에도 깨끗이 들리는' 등 우리
────── 실정에 맞는 라디오라는 점을 집중적으
로 선전하고 있는 초기 광고

는 특수 설계'나 '낮은 전압에도 깨끗이 들리는' 특징, 그리고 저렴한 가격 등을 크게 부각시켰다. 따라서 박정희가 체제 선전을 위해 국산 라디오를 보급하기 이전부터 국산 라디오에 대한 갈망이 업체와 소비자 모두에게 어느 정도 존재해 있었다고 볼 수 있다. 당시 라디오에 대한 국민적 갈망이 얼마나 큰 것이었는지는 다음과 같은 기사에서 잘 나타난다.

"47년 전후, 제2차세계 대전의 종료와 함께 라디오 붐을 앞에 두고"

제2차세계대전이 끝나고 미국이 진주하자 우리에게는 쪼코레이트와 함께 미군들의 라디오가 신기하고 부럽기만 한 시대였습니다. [중략] 라디오는 그 당시로서는 스타였고 또한 전쟁의 고난 속에서 혹은 깊은 밤중에 이불을 뒤집어쓰고 또 깊은 산속에서 애타게 전국의 추이를 엿듣던 추억의 라디오도 전부 이런 회로로 된 것이었습니다. 이후 5구 수우퍼의 출현, FM 라디오, TV 방송에서 다시 칼러 TV, IC로의 화려한 전자시대의 붐을 앞두고 특히 라디오의 붐을 일으키게 한 것은 6.25 당시 정보의 기갈에서 온 것이라고 할 수 있습니다. 이불 속에서 듣던 감도 나쁘고 잡음 투성이던 인천상륙작전의 희보에 눈물을 흘리던 젊은이들은 지금 코밑에 이끼처럼 수염자죽을 가진 40대인 것입니다.[10]

《전파과학》60년 1월호에 실린 기사는 당시 금성사 A-501 라디오 출시를 국산 제1호로 보도했다.

"국산 제1호의 가정용 라디오가 나왔다. 아름다운 케이스는 다른 외국제품에 비하여 손색이 없으며, 음질, 음량, 안정도, 선택도 등으로 보아 한국의 제작 기술도 외국에 뒤떨어짐이 없다는 점이 마음 든든하다. 그 특성을 들면 주파수 범위는 중파 540-1605kc, 단파 4.5Mc-16.5Mc의 2밴드이고 감도는 중파입력 20μV, 단파 20μV에 각각 50mW의 출력이다. 주파수 특성은 455kc ±4.5kc, 출력은 1.8W로 가정용으로 적합한 수신기이다."[11]

국산 제1호 — '수사적(修辭的)' 정의

그렇지만 1959년에 출시된 금성사 A-501호가 과연 국산 라디오 1호였는지는 논쟁의 여지가 있다. 금성사는 자사의 라디오가 최초의 국산 라디오라고 주장했지만, 금성사 이전에 이미 국내의 다른 기업들에 의해 라디오가 조립 생산되었기 때문이다. 당시 상황에 대해서는 최근 국내 학자들의 연구를 통해 다른 해석의 가능성이 제기되고 있다.

---

10 《전파과학》1969년 10월호, 〈우리나라 라디오 회로 발달사〉, 55쪽
11 《전파과학》1960년 2월호 89쪽

장영민은 "냉전기 한국 라디오 수신기의 생산과 보급"(2019)에 대한 연구를 통해 국내 기업인 천우사(天友社)가 "1957년에 단순한 부품이더라도 국산을 사용하였고, 'chunu'라는 자사 영문 명패를 붙인 수신기를 제작 판매했고, 비록 주요 부품이 외국산일지라도 최초의 국산라디오 수신기라고 할 수 있다"고 주장했다.[12]

천우사를 설립한 전택보(全澤珤)는 1914년생으로 부모를 따라 북간도로 이주, 용정에서 영신학교 고등과를 졸업하고, 1929년에 일본 고베상업고등학교를 나와 1945년 단신 월남해서 미군정청 이재과장을 맡기도 한 사업가였다. 그는 무역업으로 회사를 시작했고 주로 농산물을 수입하다가 정전 후 대성목재와 조선피혁을 인수하며 제조업으로도 진출하였다.

고정일은 《주간조선》 연재 기사에서 전택보를 이렇게 소개했다. "전택보는 당시 세계적 전자회사인 필립스와 합작으로 전자제품은 물론 컴퓨터 부품까지 수출해 생산했다. 이미 천우사는 1950년 9·28 서울수복 직후 필립스의 도움을 받아 한국에서 처음으로 탁상용 라디오를 만들어냈고, 그 인연이 이어져 필립스와 기술제휴로 김포 등촌동 공장에서 전자제품과 부

---

12 장영민, 2019, "냉전기 한국 라디오 수신기의 생산과 보급", 『언론정보 연구』 서울대학교 언론정보연구소 58권 4호, 52-116쪽. 장영민은 기존 연구들이 한국방송공사의 라디오 수신기 보급대수를 무비판적으로 받아들인 문제점을 제기하고, 미국공보원 문서에 나온 통계치를 기반으로 연구를 수행했다는 점에서 특징적이다.

1부. 라디오를 둘러싼 사회·문화적 맥락

품을 생산해 대미·대일 수출을 계속해왔다. 1970년에는 상공부로부터 TV 부품 수입을 승인받아 오류동에 5만 4,638m²(1만 6,528평) 공장 대지를 마련하고 한 해 3만 대 생산 목표를 세웠다. 그 무렵 한국의 TV 생산업체는 모두 도시바·히타치·샤프·산요 등 일본업체와 기술 합작을 하고 있었는데, 천우사는 필립스와 기술제휴를 함으로써 유럽 회사와 제휴한 첫 업체가 되었다."¹³

당시 전택보는 한국을 비롯한 저개발 신생국가에서 라디오가 대중매체가 되어가고 텔레비전 방송까지 나온 상황을 지켜보고 새로운 유망사업으로 전자제품 수입을 시작했다. 천우사는 라디오 생산과 판매를 새로운 제조업의 영역으로 간주했고, 정부가 1957년 라디오와 텔레비전 완제품과 부속에 대한 고율의 관세를 부과하기 시작하자 단순 수입 판매보다는 외국산 부품을 수입해서 라디오 수신기를 조립하는 방향으로 전환했을 것으로 추정된다. 따라서 천우사는 우여곡절 끝에 당시 유엔군사령부 경제조정관의 허가를 얻어서 원조 달러와 부품 수입을 승인받았다. 이것은 당시 경제조정관이 한국에 작은 규모라도 라디오 수신기 제작업체를 육성하려고 의도했기 때문이었다. 미군을 비롯한 유엔군은 공산주의를 저지하기 위해서 한국에 값싼 라디오를 보급하려는 계획을 가지고 있었다. 이러한 미군

---

13 고정일, 2015, 조선 창조경영의 도전자들, "선구적 봉사활동편 신상(紳商)", 근대 경영 선각 전택보(하), 《주간조선》, 2362호, 2015.06.02

그림 7 1958년에 생산된 천우사 라디오. 최창봉, 강현두는 "천우사의 라디오가 금성사보다 먼저 나온 우리나라 최초의 수신기"라고 말한다. (최창봉, 강현두, 2001, 『우리 방송 100년』, 방일영문화재단 한국문화예술총서 11, 현암사, 105쪽)

과 유엔군의 의도는 당시 공산주의에 맞서 체제 경쟁을 벌이던 이승만의 자유당 정권의 이해관계와도 일치했다.

1957년에 천우사는 부품을 전량 수입해서 필립스의 모델 u134 AC/DC 수신기를 약 200대 조립한 것을 시작으로, 1957년 하반기에는 비록 품질이 낮은 조립품이었지만 스스로 라디오 수신기를 제작 판매했다. 당시 천우사는 판매원 5명과 기술자 37명을 고용해서 연간 수천 대의 라디오를 생산하는 공장 규모를 갖추고 한국 최초로 라디오를 대량생산했다. 장영민은 천우사의 수신기 제작이 "공장시설에서 이루어진 한국 라디오 생산의 효시"라고 평가했지만, "단순한 부품만 국내 생산했고 판매실적이 7,000여 대에 지나지 않았다는 점에서 수신기 국내 제작과 대량 보급이라는 궁극적 목표와 거리가 있었다"고 평가했다. 이후 천우사는 1969년 사세가 기울고, 텔레비전 라디오 카세트 생산 부문도 1977년에 금호전자로 넘어갔다.

또한 삼양전기공업주식회사도 금성사보다 1년 앞서 일본의 산요(Sanyo)와 기술제휴를 해서 라디오 제작을 시작했다. 삼양사[14]는 1957년에 라디오 생산을 시작해서 처음으로 S5-A1 모델을 출시했다.[15] 당시 청계천에도 이름없는 라디오 조립상들이 많이 있었고, 이런 곳에서 외국산(外國産) 부품들을 이용해서 자작(自作)된 라디오도 많이 있었던 것으로 알려져 있다. 삼양전기는 60년대까지 트랜지스터를 이용한 ST-601 등 많은 모델들을 출시했다. 광고(그림 9)에서도 알 수 있듯이 삼양전기는 기술력이 부족해서 일본 산요의 설계와 부품을 가져다가 단순 조립한 것으로 보이며, 케이스에 삼양전기라는 상표만 붙여서 판매한 것으로 여겨진다. 이 회사는 결국 1969년에 부도를 내고 역사 속으로 사라져갔다. 이외에도 당시 기록에 따르면 태양전기, 아이디알공업 등 일제 라디오를 단순 조립한 회사들이 여럿 있었던 것으로 알려졌지만, 금성사에 비해 그 규모가 영세하고 기술력이 부족해서 "금성사의 상대가 되지 않았"던 것으로 보인다.[16]

금성사 A-501보다 먼저 출시되었던 삼양라디오가 최초의

14 이 삼양(三洋) 라디오는 설탕 생산으로 크게 성공했던 '삼양(三養)사'와 무관한 회사이다. 일부 인터넷 사이트에서 두 회사를 혼동하는 경우가 있는데, 三洋 라디오는 일본 SANYO와 기술을 제휴해서 거의 조립 생산만 했다.

15 별별라디오, "국산 라디오의 기원을 찾아서", 2018. 3. 12, https://m.blog.naver.com/modern_radio_lab/221226800250

16 "…당시 국내에는 일제 라디오를 조립하는 삼양전기, 태양전기, 아이디알공업 등 3사가 있었으나 단순조립으로 그 규모가 영세하여 금성사의 상대가 되지 않았다. 이에 고무된 금성사는 라디오의 고급화에 노력하면서 처음으로 트랜지스터라디오의 개발에 들어갔다. 1963년에 진공관식 라디오 2만 2,500대, 트랜지스터라디오 8만 4,600대를 생산했다…" (출처 : 김천욱, 연세대학교, 명예교수, 한국기계공업사-33, 한국기계공업사-라디오) 인터넷 SOONDORI "audioPUB2018-10-18 DATABASE0"에서 재인용

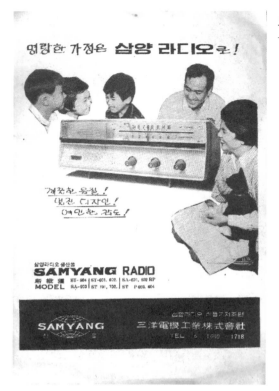

그림 8　삼양라디오 초기 광고.

그림 9　트랜지스터를 이용한 삼양라디오 ST-601 광고.

국산 라디오로 인정받지 못했던 이유는 부품의 국산화 비율로 추정된다. 명확한 규정은 없었지만, 금성사 A-501이 국산 1호로 인정받은 것은 "부품 국산화 비율 60퍼센트 이상"이라는 암묵적 기준이 적용되었기 때문으로 여겨진다. 그러나 앞에서 서술했듯이 금성사 라디오도 회로는 물론이고 핵심 부품인 진공관과 스피커 등은 외국 부품을 수입했고, 케이스를 비롯한 나머지 주변적인 부품들을 국산화했을 뿐이기 때문에 정도의 차이가 있을 뿐 조립이라는 측면에서는 동일하지 않느냐라는 논란에서 자유롭기 힘들다.

따라서 '국산 최초', 또는 '국산 1호'라는 명칭은 수사적 정의(rhetorical definition)로 보는 편이 적절할 것이다. 기술이 그 자체로 존재하는 실체(實體)가 아니라 사회적으로 구성되는 구성물이라는 기술의 사회적 구성론(social construction of technology, SCOT)을 주장하는 트레버 핀치(Trevor F. Pinch)와 위비 바이커(Wiebe E. Bijker)는 자전거 설계의 역사적 변천에 대한 유명한 분석에서 기술에 대한 해석이 단일한 것이 아니며 여러 연관 사회집단들이 그 해석을 둘러싸고 다툼을 벌인다고 말한다. SCOT의 접근방식은 이러한 해석들 사이의 경합을 해석적 유연성(interpretative flexibility)이라는 개념으로 설명한다. 그리고 기술을 둘러싸고 경합하던 해석들 중에서 어느 하나가 우세해지면, 논쟁이 종결되면서 해당 기술이 사회적으로 받아들여지게 된다.[17]

SCOT의 분석틀을 적용하면 '국산 최초 라디오'에 대한 정의의 경우, 연관사회집단은 금성사, 천우사, 삼양사, 그리고 당시 이승만 정부와 언론이 될 것이다. 그러나 누가 국산 최초의 라디오인가를 둘러싼 논쟁은 당시로서는 뚜렷하게 전개되지 않았다. 이중에서 금성사의 A-501 라디오가 국산 1호라는 강력한 해석을 내놓은 연관사회집단은 금성사와 이승만 정부, 그리고 언론이었다. 우선 금성사는 광고를 통해서 자사의 A-501 모델이 '우리 실정에 맞는' 라디오이며, 다른 조립 라디오들이 외국에서 부품을 도입한 단순조립인데 비해 자사의 제품은 "아직까지는 진공관, 스피커, 바리콘 등 전부속품의 약 3분의 1을 미국 및 서독에서 수입하고 있으나 그 외의 일체 제조과정은 우리 손으로 만들어지고 있다"는 점을 강조했다. 이처럼 "최초 국내 제작과 국산을 부각한 이유는 시장을 장악한 고품질의 외국산 수신기와 경쟁을 피할 수 없었고, 자립경제와 외제 사치품 배격을 외치던 사회적 분위기에 호소하려던 판매전략이었다."[18]

17 Trevor Pinch and Wiebe E. Bijker, "The social construction of facts and artifacts; or how the sociology of science and the sociology of technology might benifit each other?" in Wiebe E. Bijker, Thomas P. Hughes, and T. Pinch(edit), The Social Construction of Technological Systems; New Directions in the Sociology and History of Technology, The MIT Press, pp.17-50[국역; 위비 바이커 외, 송성수 편저,『과학기술은 사회적으로 어떻게 구성되는가』, 새물결, 1999. 39-80쪽]
18 장영민, 같은 글, 100-101쪽

금성사는 어려운 난관을 극복하고 "부품 상당 부분을 손수 만들면서 라디오를 우리 손으로 만들었다는 것은 전자공업사의 신기원을 이룩"한 일이고, "60년대 경제성장 대책 추진과정에서 라디오가 담당하게 될 정보의 확산과 근대화의 동기부여 역할에 비추어, 바로 그 직전에, 라디오의 국산화가 이루어졌다는 것은 역사적 의의가 크다고 하지 않을 수 없다"고 자평했다.[19]

한편 천우사와 삼양사의 라디오는 시기적으로 금성사보다 앞서 출시되었지만 '국산 최초'라는 타이틀을 얻지 못했다. 사실 두 회사가 자사의 제품을 국산 최초라고 적극적으로 주장하지 않은 이유는 사업 목표나 방향 자체가 금성사와 달랐기 때문일 수 있다. "금성사 제품이 출시될 때에는 라디오 수신기 생산이 천우사의 주요 사업이 아니었"을 수도 있다.[20] 따라서 금성사를 제외한 다른 제조업체들은 사업 전략에서 국산 라디오가 아니라 단순 조립 생산이 목표였거나, 또는 라디오 수신기 제조가 주된 사업이 아닐 수 있었던 셈이다.

반면 제4대 대통령선거를 앞둔 이승만 대통령은 다시 정권을 잡기 위해서 경제적 성과를 제시해야 할 필요가 있었으며, 12월에 제작된 〈대한 뉘우스〉 244호는 '최초의 국산 라디오'라는 제목으로 3분 37초 동안 금성사의 수신기공장과 노동자들

---

19 금성사, 같은 책, 157쪽
20 장영민, 같은 글, 102쪽

의 작업 장면을 보여주었다. "공보실 영화가가 제작하는 뉴스 매체가 최초의 국산 라듸오라고 이름붙이기를 한 영상을 전국 적으로 상영한 것은 금성사 A-501을 최초의 국산 라디오로 만 든 결정적 계기였다."[21]

이처럼 '국산 최초'라는 호칭은 거의 일사천리로 부여되었다. 금성사는 자사의 향후 사업 전략을 위해 적극적으로 국산 1호를 주장했던데 비해, 삼양사와 천우사 등은 아예 경합을 벌이지 않 았고, 이승만 정부의 공보실은 당시 첨단 기술이었던 라디오를 국내에서 제작하는 데 성공했다는 치적을 내세우기 위해 '국산' 이라는 수사가 절실했다. 또한 언론의 입장에서도 전후의 피폐 한 국내 상황에서 독자들에게 전달할 좋은 소식에 목말라 있던 상황에서 금성사의 A-501이 국산 1호라는 보도가 필요했다.

핀치와 바이커는 기술 선택을 둘러싼 논쟁이 종결되는 방식 중 하나로 수사적 종결(rhetoric closure)이라는 개념을 제기한다. 흥미로운 것은 수사적 종결은 실제로 그 기술을 둘러싼 논쟁이 완전히 끝날 필요가 없으며, 연관 사회집단들이 그 논쟁이 끝 났다고 '간주하는' 것으로도 충분하다는 점이다. 논쟁과 관련된 집단들이 그 논쟁이 끝났다고 인정하면, 실제 논쟁이 말끔히 해 소되었는지 여부와 무관하게 해당 기술은 인정을 받게 된다.

'국산 1호 라디오'라는 호칭에서 국산 최초, 또는 국산 1호라

---

21 장영민, 같은 글, 102쪽

는 정의는 수사적으로 이루어졌다. 따라서 금성사 A-501 라디오가 국산 1호인지, 국산의 정의가 무엇인지는 중요하지 않았다. 제작사, 정부, 언론, 그리고 국민들은 모두 "우리 손으로 국산 라디오를 만들었다"는 소식을 원하고 있었다.

군사정부의 라디오 산업 육성과 해외수출

금성사 A-501 라디오가 '국산 1호' 라디오라는 언론의 보도와 함께 화려하게 등장했지만, 시장의 분위기는 사뭇 달랐다. 금성사는 출시 직후 A-501 80대를 만들어서 서울의 미도파 백화점에 진열해놓았으나 아무도 거들떠보지 않았다. 그 후 잇달아 출시된 금성사의 초기 모델들이 시장에서 냉대를 받았고, 초기에는 절망적인 분위기로 흘러 급기야는 다른 전자제품으로 시장에서 승부하기 위해 전기 선풍기 생산계획을 세우기까지 했다. 김해수는 당시 상황에 대해 이렇게 술회했다. "밤낮으로 국내의 모든 항구를 통해 밀려 들어오는 밀수품 일제 라디오와 미군 PX로부터 끝없이 국내로 흘러드는 미제 라디오에 밀려서 국산 라디오는 발을 붙이기 어려운 듯했다."[22]

트랜지스터 모델인 휴대형 TP-601은 1960년 3월에 출시되었지만 5개월도 못 되어 생산이 중단되었고, A-501을 개량한

22 김해수, 같은 책, 154쪽

A-503이 꾸준히 판매되었을 뿐, A-501의 재고는 3,000대까지 늘어났고 적자가 누적되자 모기업인 락희화학에서 금성사의 존폐 논의가 거론되기 시작했다.[23]

만약 당시에 박정희가 밀수품 근절령을 포고하고, 금성사의 라디오를 농어촌 라디오 보내기 운동의 대상으로 삼지 않았다면, 금성사의 A-501 라디오는 물론, 금성사 자체의 운명도 어떻게 되었을지 모르는 일이었다. 만약 그렇게 되었다면 국산 라디오 1호의 의미는 크게 퇴색했을 것이다. 결국 '국산 라디오 1호'라는 수사적 정의는 5·16 쿠데타를 일으킨 박정희가 금성사와 금성사 라디오를 지목해서 지지하면서 라디오 산업을 육성하

전자업체의 수출 신용장 내도 실적(1964년)

업체명	품명	수출 종별	12.31. 수출(L/C 내도액)
금성사			595,698
삼양전기			15,300
태양전기	라디오	일반 수출	54,648
아이디알공업			–
계			665,916

그림 10 1964년 당시 국내 전자업체들의 라디
――――― 오 수출 신용장 실적. (출전; 한국전자
정보통신산업진흥회 『대한민국전자산
업 60년의 기적』 76쪽)

23 서현진, 2001, 『끝없는 혁명, 한국 전자산업 40년의 발자취』, 이비커뮤니케이션.
83-84쪽

1부. 라디오를 둘러싼 사회-문화적 맥락

그림 11 1962년 금성사는 라디오를 수출하며
―――― 가전제품 첫 수출을 기록했다. 금성사
라디오 공장에서 여성 노동자들이 라
디오를 조립하고 있다. ©연합뉴스

려는 정책과 떼려야 뗄 수 없이 연결되었다.

　이후 라디오는 국내에서 최초의 가전제품 수출 품목이 되었
다. 국산화 2년만인 1961년에 라디오 생산량은 월 5만 대에 달
했다. 이 과정에는 물론 정부의 역할이 가장 컸지만, 금성사를
비롯한 국내 업체들의 노력도 중요하게 작용했다. 금성사는 단
순히 정부의 주문을 받아서 생산량을 늘리는 데 그치지 않고
시행착오를 거듭하면서 품질 향상에 주력했고, 차츰 그 결실
을 맺게 되었다. 특히 생산여력을 갖추게 된 금성사는 해외시장

에 눈을 돌리기 시작했고, 1962년에는 구자두 금성사 관리부장이 홍콩 바노사와 수출 상담을 진행했다. 또한 판로 다각화 전략을 통해 동시다발적으로 홍콩과 동시에 미국 뉴욕의 아이젠버그사와 라디오 수출 논의를 시작했다. 결국 이러한 노력을 통해 금성사는 1962년에 전자산업 최초로 트랜지스터 라디오 T-703 32대와 TP-603 30대, 총 594달러 상당의 라디오 62대를 수출했다. 그 후 금성사는 아이젠버그사에 1차 24만 달러, 2차 50만 달러 등 총 75만 달러의 수출 계약에 성공했다. 금성사는 국내에서도 미군에 납품했고, 그 숫자는 1962년에만 3,331대에 달했다. 처음 수출을 시작한 지 3년 뒤인 1965년에 라디오 해외 수출은 141만 7천 달러로 급증했다.[24]

---

24 한국전자정보통신산업진흥회(KEA), 2019, 『대한민국전자산업 60년의 기적, 전자산업 60년사 1959-2019』 75-77쪽

2장

—

박정희의 라디오

전쟁과 냉전—라디오, 공보(公報)수단이 되다

세계적으로 라디오는 1930년대 이후 황금기를 구가하게 되었다. 그 이전까지 주로 아마추어들의 활동으로 라디오 방송이 이루어졌다면, 1930년대 후반 전문 라디오 방송사들은 하루에 12시간 이상, 경우에 따라서는 18시간 이상까지 방송을 했다. 방송사들은 여러 가지 프로그램들을 개발해서 늘어난 방송시간을 채웠다. 이런 프로그램들은 크게 음악, 뉴스와 논평, 주간 연속극, 퀴즈 등의 청취자 참여프로그램 등으로 이루어졌다.[25]

그렇지만 라디오가 활용된 또 하나의 중요한 영역은 정치와

---

25 크리스토퍼 스털링, 존 키트로스, "라디오 프로그램의 황금시대", 데이비드 크롤리, 폴 하이어 편저, 『인간커뮤니케이션의 역사 2』, 커뮤니케이션북스, 657쪽

군사 분야였다. 특히 라디오가 개발되고 이후 전성기를 맞이하는 시기가 두 차례의 세계전쟁 기간과 맞물리면서, 라디오는 정부 당국이 자신들의 시책을 발표하고 전쟁의 당위성을 설파하고 전쟁 참여를 독려하고 선전 선동하는 중요한 공보수단이 되었다. 새로운 대중매체로 급부상한 라디오는 텔레비전이 등장하기 전까지 신문보다 효과적인 매체로 각광을 받았다. 당시 일반 국민들의 문맹률이 높아서 신문이나 호외 등을 읽기 힘들었고, 특히 신문은 전국 규모로 발행될 경우 지방까지 운송할 때 시간이 많이 소요되는 데 비해서 라디오 방송은 전기와 수신기만 있으면 어디서든 들을 수 있다는 장점이 있었다.

특히 새로 정권을 잡은 히틀러의 나치 정권은 집권 초기부터 라디오의 중요성을 인식해서 프로파간다의 수단으로 삼았다. 다른 한편, 라디오는 전쟁과 냉전 기간 자국민들이 적군이나 상대국의 선전선동을 듣지 못하게 하기 위해 통제의 대상이 되기도 했다. 1929년 '검은 월요일'로 잘 알려진 대공황 사태를 극복하기 위해 루즈벨트 대통령이 라디오를 적극 활용해서 성공을 거둔 미국은 외국 방송을 적극적으로 통제하지 않고 자유민주주의의 우월성을 전파하는 수단으로 삼으려고 노력한데 비해 독일은 국민라디오의 제작 과정부터 외국어 방송을 듣지 못하도록 철저히 막았다. 이러한 통제 양상은 일본도 마찬가지였다. 전시(戰時)에 보급된 국방수신기는 동경방송국 두 채널만 들을 수 있다. 우리나라도 한국전쟁을 거치고 1960년대에 북한과

힘겨운 체제경쟁을 하는 과정에서 라디오의 주파수는 통제의 대상이 되었고, 북한 방송을 듣지 못하게 하기 위해 전파 방해가 이루어져서 지금까지 계속되고 있다. 시인 김수영은 〈라디오 계(界)〉라는 시에서 "이북 방송이 불온 방송이 되는" 현실을 개탄했다.

한편 라디오가 공보수단이 되면서 라디오의 제작과 수신, 그리고 청취(聽取) 형태에도 큰 영향을 미쳤다. 먼저 독일의 국민라디오는 보급률을 높이기 위해 최대한 간단한 구조를 갖춰 값싼 가격으로 많은 사람들이 구입할 수 있는 방향으로 재구성되었다. 그렇지만 아무리 값을 내려도 대공황의 여파로 일반 국민들이 라디오를 구입하기 힘들어지자 나치는 공공장소에 스피커를 설치해서 '집단 청취'를 하게 만들었다. 이것은 일종의 동원된(mobilized) 청취 방식이었다.

우리나라에서는 박정희가 군사정변에 성공한 후 라디오의 중요성을 인식하고 당시 막 국내 제작이 시작된 라디오 산업을 크게 활성화시켰다는 점에서 라디오 산업이 군사정부에 의해 직접 육성되었다고 볼 수 있다. 금성사의 A-501 라디오가 '국산 최초'로 불리게 된 데에도 이러한 정치적 및 사회적 맥락이 크게 작용했다. 당시 미군 부대에서 흘러나오는 외제 라디오와 밀수품에 밀려 탄생하자마자 고사될 위기에 처한 금성사 라디오를 살려낸 것은 밀수품 단속과 국산품 장려 정책을 강력히 펼친 박정희 군사정부였다. 국산 1호는 이러한 사회적 맥락 속에서 절실히 요구된 수사(修辭)였다고 볼 수 있다. 이러한 수사는 군사정부에 의해 주도되었지만, 다른 한편 당시 전쟁으로 피폐해진 상황에서 어떻게든 가난에서 벗어나고 나라를 일으켜세워야 한다는 공감대가 있던 상황에서 국민들도 적극적으로 이러한 수사에 공명했다. 1960년대에 5·16 쿠데타로 정권을 찬탈한 데 대한 국민적 저항이 계속 이어졌지만, '기술만이 살 길이다', '기술입국', '새마을운동', 그리고 1970년대 '전 국민 과학화' 등의 구호는 정부의 일방적 주장으로 그치지 않고, 당시 민간 영역에서 상당한 호응을 얻었다. '국산 1호'의 수사는 그후 오늘날에 이르기까지 국민들이 세계 최초, 세계 최고 등에 환호하게 만든 '애국주의'를 국민 정서에 깊이 내장시켰다.

박정희는 라디오의 공보효과를 극대화시키기 위해 '전 국민 라디오 보내기 운동'을 펼쳤고, 그래도 라디오가 충분히 보급되지 않는 농촌 지역에 '스피커'를 설치해서 하루 종일 KBS 제1방송을 흘려보냈다. 정권의 정당성과 안정성을 유지하고, 북한과의 체제 경쟁을 지속하고, 새마을운동과 전 국민 과학화 운동, 민방위 훈련과 반상회 등에 국민들을 효과적으로 동원하기 위한 '집단 청취'가 1970년대까지 대대적으로 시행되었다.

루즈벨트와 '노변담화(爐邊談話)'

"친애하는 국민 여러분, 나는 은행에 대해 몇 분간 이야기를 나누고 싶습니다. 은행 메커니즘을 잘 이해하는 소수의 국민뿐 아니라, 특히 단순히 은행에 돈을 넣고 빼는 대다수의 국민과 말입니다. 최근 며칠 동안 어떤 조처가 이뤄졌고 또 왜 그렇게 했는지 그리고 앞으로 어떻게 진행될지 말하고 싶습니다. (중략) 우리나라 금융 시스템의 재정비에서 돈보다 또 금보다 더 본질적인 요소가 있습니다. 바로 국민 신뢰입니다. 신뢰와 용기가 우리 계획의 성공에 본질적인 요소입니다. 국민 여러분은 믿음을 가져야 합니다. 소문과 의혹에 선동되지 말아야 합니다. 합심하여 공포를 떨쳐냅시다. 우리나라 금융 시스템을 복구할 제도가 마련되었습니다. 그걸 작동하게 하는 것은 여러분의 몫입니다. 그것은 내 문제이면서 여러분의 문제입니다. 함

그림 12 라디오를 통해 정책을 발표하고 있는 루즈벨트 대통령. 그는 ————— 라디오를 가장 잘 활용한 정치가 중 한 명으로 꼽힌다.

그림 13 당시 미국의 가정에서 라디오는
───── 중심적 지위를 차지했다. ©Alamy.com

께라면 실패할 리 없습니다."**26**

　미국 대통령 프랭클린 델라노 루즈벨트는 국민과의 소통에 라디오를 적극적으로 활용해서 라디오를 중요한 공보수단으로 올려놓은 정치가로 알려져 있다. 위의 인용문은 1933년 3월 12일 백악관에서 루스벨트가 라디오로 연설한 13분짜리 담화문의 일부이다.

26　세상을 바꾼 전략, "루스벨트의 소통", 《중앙선데이》 2017. 03.12 522호 24쪽

흔히 '노변담화(爐邊談話, Fireside Chats)' 또는 노변 정담이라고 불리는 이 유명한 방송 형태는 사람들이 저녁 시간에 벽난로 앞에 앉아서 대통령이 하는 이야기를 들었기 때문에 이러한 명칭으로 불렸다. 당시 미국은 대공황의 충격에 시달리고 있었고, 루즈벨트는 이러한 난국에 대해 국민들과 솔직한 대화를 나누고 어려움을 극복해나갈 수 있다는 자신감을 불러일으키려고 시도했다. 실제로 라디오를 통해 루즈벨트가 국민들에게 동요하지 말 것을 설득한 이후, 봇물을 이루던 예금 인출사태는 진정되었다.

물론 이러한 효과를 얻을 수 있었던 데에는 루즈벨트의 뛰어난 소통 능력도 한몫을 했다. "루스벨트의 노변담화는 대통령과 국민을 각기 'I(나)'와 'you(너)'로 지칭했고, 권위적이지 않고 일반인이 이해하기 쉬운 말투였다. 또 담화 내용도 국정에 관한 중요한 정보 그리고 국민에 대한 격려와 부탁으로 채워져 있었다."[27] 루즈벨트는 소아마비로 하반신을 쓸 수 없었고, 자신의 병과 싸우면서 사람들의 감정을 이해할 수 있는 능력을 길렀다. 마치 거실에서 가족들이 벽난로 앞에 오순도순 모여 있는 듯한 따뜻한 느낌 속에서 자상한 아버지처럼 다가가는 것이 루즈벨트의 장기였으며, 노변담화라는 이름은 바로 그 점을 간파한 CBS 워싱턴 지국장 해리 부치가 붙인 것이었다. 루즈벨트가 친

---

27 같은 기사

근감이 있는 정치인으로 대중에게 다가갈 수 있었던 데에는 라디오의 역할이 절대적이었다.[28]

노변담화는 총 28회에 걸쳐 진행되었으며, 루즈벨트가 재선에 성공하는 데에도 크게 기여했다. 두 번째 임기 동안 8차례, 전쟁 중이던 세 번째 임기에는 12차례나 진행되었다. 이 방송은 모두 황금시간 대에 편성된 30분짜리 프로그램이었으며, 청취율은 최고 수준이었다. 당시 미국 국민의 절반 이상이 루즈벨트의 노변담화를 정기적으로 들었던 것으로 알려져 있다. 청취자들은 수천통의 편지를 백악관에 보내서 호응했다.[29]

전쟁과정에서 루즈벨트는 좀더 적극적으로 노변담화를 정치 선전의 목적으로 활용했다. 김서형은 "뉴딜정책과 관련된 노변담화가 대중의 태도 변화와 같은 소극적인 정치적 설득을 목적으로 하는 것이었다면, 전쟁 정책과 관련된 노변담화는 적극적인 정치적 설득을 목적으로 하는 것이었다"고 말한다.[30]

루즈벨트는 1939년 9월 3일 '유럽에서의 전쟁', 1940년 12월 29일 '국가의 안보', 1941년 5월 27일 '국가적 긴급 상황에 대한 공표', 1941년 12월 9일 '일본에 대한 선전 포고' 등 일련의 라디오 담화를 통해 미국의 참전 필요성을 호소했다. 잘 알려져

---

28 강준만, 2010, 『미국사 산책 6, 대공황과 뉴딜혁명』, 인물과사상사, 98쪽
29 크리스토퍼 스털링, 존 키트로스, 같은 글, 671-674쪽
30 김서형, 2006, "프랭클린 루즈벨트(Franklin D. Roosevelt)와 정치적 설득: 노변담화(Fireside Chats)를 중심으로", 『미국학 논집』 38권 2호, 5-38쪽

있듯이 미국은 두 차례의 세계대전 초기에 모두 고립주의와 중립주의 노선을 채택했다. 그렇지만 1937년 일본이 중국을 침략한 데 이어 태평양으로 세력을 확장하고, 급기야는 1941년 12월 7일 진주만을 공습하자 참전의 필연은 명백해졌다. 루즈벨트는 국민들을 하나로 모아 전쟁 참여의 당위성을 설득하고, 청년들의 입대를 촉구하는 데 라디오를 십분 활용했다.

나치 독일의 국민라디오—'동원된 청취'

독일은 히틀러가 정권을 잡은 지 불과 수개월 후인 1933년 3월에 '국민계몽과 선전부(Reichsministerium für Volksaufklärung und Propaganda)'를 창설했고, 히틀러의 오른팔이자 대중 선전선동의 탁월한 전문가인 요제프 괴벨스(Joseph Goebbels)가 장관을 맡았다.

히틀러는 1938년에 "확성기가 없었다면 우리는 독일을 정복할 수 없었을 것"이라고 말했고, "세계적이며 혁신적인 강력한 모든 사건은 써진 글이 아니라 발언된 말에 의해 일어났다"고 주장하면서 문어에 대해 구어(口語)의 중요성을 역설했다.[31]

뛰어난 웅변가였던 히틀러는 누구보다 선전선동의 중요성을 잘 알고 있었고, 사람들의 마음을 움직이는 것이 글보다는

---

31 요시미 순야, 2005, 『소리의 자본주의-전화, 라디오, 축음기의 사회사』 송태욱 옮김, 이매진, 340쪽

그림 14 "전 독일이 국민라디오로 총통의 말을 듣는다(Ganz Deutschland hört den Führer mit dem Volksempfänger)"라 는 선전 포스터

말이라고 확신했기 때문에 라디오를 통치의 중요한 수단으로 삼았다. 정권을 획득한 날부터 나치는 유명한 횃불 행진을 실황으로 중계했다. 제3제국 라디오 사업을 관장했던 괴벨스는 독일 국민들에게 라디오를 생산해서 전국적으로 보급하기 위해 이른바 '국민라디오 (Volksempfänger)' 사업을 시작했다. 국민라디오는 주요 방송을 청취할 수 있는 단순한 구조였고, 무엇보다 값이 싸야 했다. 오토 그리슬링(Otto Griesling)에 의해 개발된 이 라디오의 초기 모델 VE301[32]은 제3제국 통화로 76라이히스마르크(RM)였는데, 당시 일반적인 라디오 수신기 가격의 절반에 불과했다. 1938년에 개발된 모델은 35RM까지 가격이 내려갔다. 당시 이 가격은 유럽에서 가장 싼 것이었다. 괴벨스 라디오 기금(Dr. Goebbels Radio Fund)은 이 가격으로도 라디오를 살 수 없는 가정을 위해

---

32 여기에서 VE는 Volksempfänger의 머리글자, 301은 나치가 정권을 장악한 날인 1월 30일을 뜻했다. 이후 VE 301 DYN 등 개량형이 출시되었다. 이 수신기는 '괴벨스의 입'이라는 별명으로 불리기도 했다.

서 3천 대의 라디오를 무상으로 보급하기도 했다.[33]

괴벨스가 선전장관에 임명되었을 때, 신문과 영화 산업은 개인소유였지만 라디오 방송 체계는 1925년부터 제국라디오주식회사(Reichsrundfungk-gesellschaft)를 통해 국가 통제하에 있었다. 따라서 나치는 정권을 장악하자 비교적 수월하게 독일 라디오의 통폐합을 이룰 수 있었다. 괴벨스는 나치가 권력을 잡는 순간부터 라디

그림 15 히틀러는 루즈벨트의 노변담화에 대해 잘 알고 있었다. 만평에서 히틀러가 그의 심복 헤르만 괴링(Hermann Göring)에게 루즈벨트의 담화가 나오고 있는 라디오를 끄라고 명령하고 있다. Gerd Horten, 2002, Radio goes to War, The Cultural Politics of Propaganda during World War Ⅱ, University of California Press. p.87

오의 선전적 가능성을 인식하고 이 매체를 적극적으로 활용하기로 마음먹었다. 1933년 3월 15일 언론 대표자들을 대상으로 한 연설에서 괴벨스는 국민들이 민족사회주의 국가에 좀더 가까이 다가설 수 있도록 하는 책임을 라디오가 맡게 될 것이라고 말했다."[34]

괴벨스는 독일 라디오 경영 간부진들을 앞에 두고 한 연설에

33 http://home.scarlet.be/~js026706/militaria/germanradio.htm
34 데이비드 웰시, 2000, 『독일 제3제국의 선전정책』, 최용찬 옮김, 혜안, 55~56쪽

그림 16 나치가 정권을 잡은 후 보급했던 국
―――― 민라디오(Volksempfänger) VE 301
DYN. 다이얼판 양쪽, 그리고 제품 설명
서에 제3제국 독수리 문양이 뚜렷하다.

서 라디오의 중요성을 다음과 같이 역설했다.

여기저기에 널려 있고 대중들에게 영향력을 행사하는 매체
들 중에서 가장 현대적이고 가장 중요한 도구는 바로 라디오라
고 생각한다 … 또한 나는 결국에 가서는 라디오가 신문을 대
체할 것이라는 생각을 갖고 있다 … 나는 여러분들 손에 중대
한 책임을 맡긴다. 왜냐하면 여러분들은 이미 대중에게 영향력
을 행사하는 도구들 중에서 가장 현대적인 것을 수중에 쥐고
있기 때문이다. 이 도구를 통해 여러분은 대중여론의 창조자가

될 것이다 … 피아노가 피아니스트의 것이라면 라디오는 바로 여러분의 것이다. 라디오는 대중여론에 완전히 통달한 장본인 인 여러분이 들고 연주해야 할 악기이다.[35]

괴벨스는 당시 최첨단 매체였던 라디오에 특히 주목했는데, 그는 신생 매체인 라디오가 '본질상 권위주의적'인 성격을 가진 다고 보았고, 대중 선동을 위해 가장 중요한 도구로 여겼다. 아 직 텔레비전이 등장하기 이전이었고 문맹률이 높았던 시절에 오직 라디오만이 전 국민을 완벽하게 장악할 수 있게 해준다고 생각한 것이다.[36]

이후 괴벨스는 라디오라는 수단을 적극적으로 활용했다. 나 치 정권의 국민라디오는 청취범위가 한정되어서 외국의 라디 오 방송을 들을 수 없었다. 괴벨스는 '국민의 시간(Stunden der Nation)'을 만들어서, 나치 지도자들의 연설이나 중요한 발표가 있을 때면 공공장소와 공장, 사무실, 학교, 심지어 레스토랑에 까지 확성기를 설치했고, 사이렌을 울려서 전 국민이 일을 멈추 고 라디오 방송을 듣게 했다. 이른바 '집단 청취(聽取)'를 위해 강제적으로 대중들을 동원한 것이다. 이러한 집단 청취 양상은 그 강제성이나 청취가 동원되는 방식에서 조금씩 차이가 있지

---

35 데이비드 웰시, 같은 책, 57쪽

36 정철운, 2018, 『요제프 괴벨스, 프로파간다와 가짜뉴스의 기원을 찾아서』, 인물과 사상사, 81쪽

만 라디오를 공보수단으로 활용한 많은 나라에서 거의 비슷하게 나타났다.

일본의 국방수신기
-'무선보국(無線報国)'과 '애국무선대(愛国無線隊)'

일본의 라디오 방송은 1925년에 시작되었다. 동경방송국은 유일한 방송국으로 이후 1951년까지 독점적 지위를 계속했다. 일본은 라디오 산업이 발달하기 전부터 아마추어들, 즉 자작가(tinkerer)들이 중요한 역할을 수행했다. 라디오 방송이 시작된 후 동경 지역의 청취자는 대략 1만에서 1만 5천 명 정도로 추산되었다. 동경방송국은 그 숫자가 10만 명 정도로 늘어날 것으로 추산했다. 그러나 문제는 수신기 제작과 수리가 쉽지 않았다는 점이었다. 따라서 동경방송국은 라디오 수신기를 가진 사람들과 자작가들, 그리고 라디오 상점들을 대상으로 훈련 코스를 조직했다.[37]

일본 정부는 라디오가 효과적인 프로파간다 수단이 될 수 있고, 라디오를 통해서 일반인들에게 과학기술문화를 전파하고, 기술적으로 앞선 서양을 따라갈 수 있다는 것을 알았다. 2

---

37 Yuzo Takahashi, 2000, "A Network of Tinkerers: The Advent of the Radio and Television Receiver Industry in Japan", Technology and Culture , Jul., 2000, Vol. 41, No. 3 (Jul., 2000), p.462

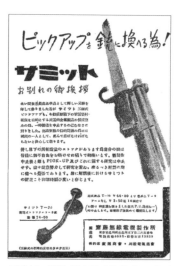

그림 17 《무선과 실험》 1935년 9월호에 실린 광고. '국방수신기'의 특징을 선전하고 있다. 岡本次雄, 1963, 『アマチュアのラジオ技術史』, 174쪽

그림 18 픽업 생산 금지를 알리는 《무선과 실험》 1938년 8월호 광고. 岡本次雄, 1963, 같은 책, 174쪽

차세계대전이 발발하면서 정부는 정부의 정책을 알리고 전쟁의 정당성을 선전하기 위해 값싼 라디오 생산을 장려했다. 특히 1937년 중일전쟁이 일어나면서 이듬해인 1938년에 국가동원령이 발표되었고, "한 집에 한 대 라디오 비치"라는 국방 표어가 만들어졌고 국방수신기가 널리 보급되었다.[38]

오카모토 쓰기오(岡本次雄)는 『아마추어의 라디오 기술사(アマチュアのラジオ技術史)』라는 책에서 일본의 라디오 역사, 특히

---

38 Yuzo Takahashi, 같은 글. p.464

자작가들의 역사를 잘 보여주고 있다. 전쟁으로 물자가 귀해지면서 전축에 사용되는 픽업 생산이 금지되고, 라디오를 만드는 애호가들에게 새로운 부품을 사용하지 말 것을 촉구하는 '무선보국' 민간 운동이 벌어지기도 했다. 《무선과 실험(無線と実験)》 등의 잡지에는 "절대적인 물자통제 하에서 어떻게 수신기를 간이화하여 귀중한 물자를 절감할 것인가!"와 같은 기사가 실렸고, 독자 제작란에도 "현재 라디오에 흥미를 가지는 독자 제군 중에는 새로운 부분품을 사용하는 것을 자랑스럽게 생각하는 분이 있습니다만, 그것은 국책상 좋지 않은 마음이라고 생각합니다. 그보다는 오래된 부분품을 사용하여 좋은 것을 만든다는 것이 국책상 가장 필수적인 요점이라고 생각합니다."와 같은 투고가 나타나기 시작했다. 그림 19에 실린 전시 광고에 나온 "픽업을 총으로 바꾸자"는 구호는 점차 급박해지는 상황을 잘 보여주고 있다.'[39]

무선보국운동은 단지 물자 절약에만 그치지 않고, 실제로 아마추어 무선가들이 전쟁을 적극적으로 돕기도 했다. 이미 1934년에 애국무선대가 결성되어 추계 육군대연습에 참가했고, 1941년에는 면허가 있는 관동, 동북 지역 아마추어 무선가들이 국방무선대(国防無線隊)를 결성하기도 했다.[40]

전시에 일본에서 생산된 라디오는 수퍼헤테로다인 방식이

---

39 岡本次雄, 1963, アマチュアのラジオ技術史. 東京 誠文堂新光社, 174쪽
40 岡本次雄, 1963. 같은 책, 176-178쪽

그림 19 《무선과 실험》 1938년 10월호에 실린 광고. '전황(戰況) 뉴스 청취'에 좋은 진공관이라는 선전이 흥미롭다. 같은 책, 175쪽

그림 20 《무선과 실험》 1938년 10월호 표지. '무선보국'이라는 표어가 보인다.

아니라 TRF(regenerative tuned radio frequency) 방식이었다. 이 방식의 라디오수신기는 값싸고 간단하기도 했지만, 실제로 수퍼헤테로다인 방식이 필요하지 않았기 때문이기도 하다. 당시 일본 라디오방송은 동경방송국이 독점하고 있었고, 채널도 일본 전역에서 2개밖에 되지 않았기 때문에 굳이 비싸고 복잡하고 수리가 힘든 수퍼헤테로다인 방식을 사용할 필요가 없었다. 전시 일본 정부는 값싼 TRF 수신기가 소중한 전시 물자를 아낀다고 선전했지만, 수퍼헤테로다인 수신기 생산을 장려하지 않은 또 다른 중요한 이유는 정치적인 것이었다. 수퍼헤테로다인 수신기는 외국 방송을 수신할 수 있기 때문이었다. 이것은 전시 정부가 금지했던 일이었다.[41] 특히 전쟁이 막바지로 치달으면서 패색이 짙어가자 정부의 방송 통제는 더욱 심해졌다.

박정희의 라디오

박정희나 그 참모들이 루즈벨트의 노변정담이나 독일의 라디오를 이용한 프로파간다와 국민 라디오 보내기 운동을 알았는지 여부는 확인할 수 없다. 그러나 5·16을 통해 정권을 잡은 직후 박정희와 제3공화국의 라디오를 통한 체제 수립 의도와 농어촌 라디오 보내기 운동으로 미루어볼 때 애초부터 라디오가 중요한 공보수단이라는 점을 간파하고 있었던 것으로 보인다.

박정희는 1961년 가을에 과거 자신이 군수기지사령관으로 재임했던 부산에 잠시 내려와 있었는데, 어느 날 연지동에 있던 금성사 라디오 공장을 불쑥 방문했다. 혼자 사무실에 있었던 김해수 생산과장이 얼떨결에 박정희 일행을 맞이해서 공장 시설과 생산 현장을 안내했고, 당시 라디오 제작과 판매 상황에 대해 간략한 브리핑까지 했다. 김해수에 따르면 박정희는 아주 구체적인 질문을 퍼부었다. "공장의 기계 시설은 어느 나라의 것이냐? 라디오 부품은 몇 퍼센트까지 국산화했느냐? 라디오는

---

41 Yuzo Takahashi, 2000, 같은 글, 464~465쪽

외국 기술자가 설계했느냐? 김 과장은 어느 학교를 나왔느냐? 라디오의 성능은 외제에 비해서 어떠냐? 라디오의 가격은 얼마냐? 라디오를 하루에 몇 대나 생산할 수 있느냐? 라디오가 고장이 잘 나지 않겠느냐?"[42]

그림 21 박정희 국가재건 최고회의 의장의 금성사 연지공장 방문(1961년 7월) (출처: 금성사 1985, 118쪽)

　그리고 이 자리에서 박정희는 금성사를 살리기 위한 방안을 김해수에게 물었고, 김해수는 일제 밀수품과 미제 면세품 라디오의 유통을 막아야 한다고 건의했다고 한다. 이 내용은 김해수의 책과 금성사 25년사에 모두 등장하지만, 박정희는 이미 금성사 공장을 방문하기 전에 금성사를 향후 전자산업의 파트너로 삼기로 내정했을 가능성이 높다. "당시 최고회의는 자유당과 민주당 정부가 구상해온 경제개발계획을 보완해서 시행하는 방안을 집중 검토하고 있었는데, 박정희 국가재건 최고회의 의장의 예고없는 방문도 이런 선상에서 이루어진 것이었다."[43] 금성사 라디오에 대해 했던 매우 구체적인 질문들은 부산 군수기지 사령관 시절에 이미 A-501에 대한 소식을 접했던 박정희가 첫 생산품인 라디오를 통해 금성사의 가능성을 타진해보려는 의도였던 것으로 여겨진다.

42　김해수, 같은 책, 160-161쪽
43　서현진, 같은 책, 84-85쪽

밀수품 근절 지시와 농어촌 라디오 보내기 운동

김해수의 회고에 따르면 밀수품 근절에 대한 김해수 과장의 간곡한 호소를 들은 박정희는 "김 과장, 기운을 내시오. 아마 곧 좋은 일이 있을 것이오"라고 말하며 어깨를 두드려주었다고 한다.[44] 국가재건최고회의는 그 후 약 1주일이 지난 다음 "밀수품 근절에 대한 최고회의 포고령"을 발표했다. 이른바 군사혁명 정부는 이후 밀수를 마약, 도벌(盜伐), 깡패, 사이비 기자 등과 함께 5대 사회악(社會惡)[45]으로 강조하면서 강력한 단속을 벌이게 되었다. 1961년 11월 24일자 재무부 장관이 제출한 '밀수 단속책'에 따르면, 밀수방지대책은 1. UN군 루-트에 대하여, 2. 밀수쾌속선에 대한 동태파악, 3, 해상감시의 강화, 4. 해안선과 육상교통로의 검색 강화 5. 외항선, 항공기 승무원에 의한 밀수의 검색 강화, 6. 항(港)내 질서정화 등 매우 구체적으로 마련되어서 박정희 최고 의장의 밀수 근절에 대한 확고한 의지가 엿보인다.[46]

박정희는 1962년에 농어촌 라디오 보내기 운동을 시작했다. 사실 농촌 라디오 보내기 운동은 이승만 정부 시절에도 있었다. 이승만 정부는 1959년에 공보를 위해 농촌 라디오 앰프촌 조성

---

44 김해수, 같은 책, 162쪽

45 5대 사회악은 이후 1966년에는 밀수, 마약, 탈세, 폭력, 도박으로 바뀌었지만, 밀수는 여전히 첫 번째 사회악으로 꼽혔다.

46 재무부, 〈밀수단속책 보고〉 재세 3736호, 단기 4294년 11월 22일

이라는 계획에 의거해서 약 400여
대의 라디오를 농촌 지역에 전달
했지만, 그 혜택이 골고루 전해지
지 않았고 1960년 3월 15일 정부
통령 선거 직전에 이루어져 선거
대비용이라는 비판이 있었다.[47]

군사 정부는 군사 쿠데타의 정
당성을 확보하기 위해 1962년에

그림 22 농어촌 라디오 보내기 운동을 보
── 도한 신문기사(1962년 7월) (출
처: 금성사 1985, 116쪽)

경제개발 5개년 계획을 적극적으로 추진했고, 그 과정에서 국
민 홍보의 필요성을 절감했다. 대국민 홍보 수단으로 라디오가
선택된 것은 당시 소득 수준이 낮아 신문을 구독할 수 있는 경
제적 능력이 떨어졌고, 신문이 서울에서 지방까지 전달되는데
많은 시간이 걸리는 등의 이유로 대도시를 제외하고는 널리 보
급되지 않았고, 당시 신문이 한자(漢字)와 한글을 혼용하고 있
어서 일반 국민들 중에서 신문에 들어있는 한자를 읽을 수 없
는 사람들이 많았기 때문에 이른바 '공보(公報)' 수단으로 사용
되기 힘들었다. 그에 비해서 라디오는 문어(文語)가 아닌 구어
를 통해 소식을 전할 수 있는 이점이 있었다.

한국방송공사의 『한국방송사』에 따르면 1958년부터 공보실
이 농촌에 라디오를 무상으로 배부하기 시작하여 전기식 2,800

---

47 김희숙, 2016, "라디오의 정치: 1960년대 박정희 정부의 '농어촌 라디오 보내기 운
동' 『한국과학사학회지』 38권 3호, 425-451쪽

대, 전지식 7,200대 도합 10,000대를 배부했다.[48] 제4대 대통령 선거 직전인 1960년 2월과 3월에 무상 공급된 수신기는 4,920대에 이르렀다. 장면 정권도 라디오 수신기 배부를 계속하여 5·16쿠데타 직전까지 모두 17,420대에 이르렀다.[49]

1962년 공보부의 전국 국민여론조사 결과보고서에 따르면 '세상 돌아가는 소식'을 어디에서 얻는가라는 정보원(源)에 대한 조사에서 서울 지역은 신문이 39.3%로 가장 높은 데 비해 읍(25.8%) 면(28.7%)으로 내려갈수록 라디오의 비중이 높아지는 것을 알 수 있다. 학력별 정보원 비중도 고등학생 이상에서는 신문이 라디오보다 높았지만 당시 성인인구의 80% 이상이

1962년 지역별 정보원(%)

	신문	라디오	TV	타인	세상 돌아가는 것을 모름	기타	무응답	합계
서울	121(39.3)	105(34.1)	2(0.6)	52(16.8)	26(8.4)	1(0.3)	1(0.3)	308(100)
시	155(28.2)	131(23.8)	1(0.2)	144(26.2)	114(20.7)	4(0.7)	1(0.2)	550(100)
읍	65(25.8)	65(25.8)	–	72(28.6)	45(17.8)	5(2.0)	–	252(100)
면	155(8.6)	515(28.7)	3(0.2)	613(34.1)	503(27.9)	6(0.3)	5(0.3)	1,800(100)
미상	–	9	–	11	6	1	–	27
합계	496(16.9)	825(28.1)	6(0.2)	892(30.4)	694(23.6)	17(0.6)	7(0.2)	2,937(100)

---

48 한국방송공사, 1977, 『한국방송사』, 249-50쪽
49 장영민, 같은 글, 68쪽

국졸 이하였기 때문에 대도시의 식자층을 제외한 한국의 보통 사람들에게 가장 중요한 정보원은 라디오였다.[50] TV는 당시 대중매체로 아예 고려 대상이 아니었기 때문에 박정희 군사정부가 라디오를 공보수단으로 삼게 된 것은 당연한 선택이었다고 할 수 있다.

그림 23 라디오 보내기 운동

농어촌 라디오 보내기 운동은 처음에 금성사에서 먼저 군사정부에 건의했다. 5·16 이후 부정축재 혐의로 옥고를 치

그림 24 라디오 보내기 운동 홍보대사였던 당시
――― 인기 배우 김진규와 김혜정

렀던 구평회 상무가 군사정부로터 김포 가도(街道) 연변 초가개량사업을 제안받자 그 대신 라디오 보급운동을 추진하는 방향으로 결론이 났다. 처음에는 일제 라디오를 수입해서 보급하는 방안도 잠시 거론되었지만, 최종적으로 금성사의 국산 라디오를 보급하게 되었다. 5·16 군사 쿠데타 이후 라디오 판매 대수는 1960년 불과 수천 대에서 1962년 한해에만 13만 7천여 대로 급증했다. 금성사도 당국자와 협의하에 T-604 라디오 5천

50 김영희, 2003, 「한국의 라디오 시기의 라디오 수용현상」, 『한국언론학보』 47(1), 140~165쪽

대를 공보부에 기증했다. 이후 각계에서 호응하면서 라디오 보내기 추진위원회가 구성되는 등 라디오와 앰프 보내기 운동이 활발하게 전개되었다.[51]

당시 동아일보 1962년 7월 25일자에는 다음과 같은 기사가 실렸다.

> 공보부에서는 「라디오」 없는 농어촌을 일소키 위해 "농어촌에 라디오를 보내자"는 구호 아래 14일부터 범국민운동을 편다. 그 본부를 공보부에 두고 각 신문사와 방송국에 지부를 두어 국민들이 희사하는 현품과 현금은 지부를 통해 전달키로 하였는데 14일 상오 제일착으로 박정희 최고회의 의장 부부가 「트랜지스터 라디오」 3대를 공보부에 기탁하였다.

금성사와 최고회의의 이해관계가 맞물려서 확산된 이 운동은 1963년까지 계속되었고 전국에 보낸 라디오는 20만 대가 넘었다.[52] 김해수는 당시 라디오 보내기 운동이 "군사혁명에 대한 홍보와 지지세력 확대를 도모했던 박정희 장군의 의도와 전자공업의 발전을 추구하던 시대의 요구가 절묘하게 맞아떨어졌던 게 아닌가 싶다"라고 말했다.[53]

---

51 금성사, 같은 책, 183쪽
52 서현진, 같은 책, 87쪽
53 김해수, 같은 책, 163쪽

스피커 보급운동과 '앰프촌'의 형성

그러나 국산 라디오 생산으로 단가를 낮추고 각계의 성금을 모아 '농어촌 라디오 보내기 운동'을 벌여도 대도시를 제외한 지방의 라디오 보급률을 단번에 끌어올리기에는 역부족이었다. 따라서 정부는 스피커 보급운동을 통한 앰프촌 건설을 통한 유선방송 사업을 적극적으로 수행하게 되었다.

원래 유선방송은 무선 기술이 널리 쓰이기 이전에 개발되었지만, 2차세계대전 당시에는 전파를 발생시키면 적(敵)의 폭격을 인도하는 꼴이 되기 때문에 무선 방송을 대체하는 수단으로 이용되었다. 특히 전쟁 막바지에 미군의 공습에 시달렸던 일본에서는 방송전파를 내서 미군 폭격기의 좋은 길안내가 된 것을 깨닫고 유선방송을 활용했다.[54]

'앰프촌' 사업은 이승만 정부 시절로 거슬러 올라간다. 당시 공보부 실장 오재경의 발상으로 1957년 11월 유선라디오 마을 사업('앰프촌' 사업)이 시작되었다. 앰프촌이란 집집마다 라디오를 구입하거나 보급할 수 없는 한계로 마을마다 라디오와 앰프를 설치하고, 집집마다 스피커 통을 설치해서 방송, 주로 국영 방송인 KBS의 라디오 신호를 각 가정마다 전파할 수 있는 마을을 뜻한다.[55] 1957년부터는 마을 한 곳에 앰프를 설치하고 스피

---

54 정민, 1961, "유선방송의 개관, 유선방송을 운영하고 있는 사람, 또는 운영하려는 사람을 위한 지침…",《전파과학》1961년 3월호, 8쪽

55 윤상길, 2019,「1960년대 중후반기 박정희 정부의 유선방송 일원화사업에 대한

커를 가구에 연결하는 유선방송이 시작되었다. 1957년 7월 경기도 광주군역리에 시험적으로 설치하여 스피커 30개를 마을 집집마다 가설하여 방송을 청취하게 한 것이 그 시초이다. 그리고 이런 마을을 '앰프촌'이라고 불렀다.[56] 사람들은 라디오를 통해서 방송을 직접 수신하는 것이 아니라 라디오 방송국의 전파가 시골의 마을 단위로 설치된 앰프, 즉 흔히 앰프라 불리는 음성 신호 증폭기(amplifier)와 전선을 통해 가정집마다 설치된 스피커통을 통해 라디오 방송을 수신할 수 있었다.

지속적인 앰프촌 확대 정책에 의하여 5·16 군사정변 전까지 400여 개의 앰프촌이 있었고, 가설된 스피커는 1만여 개에 이르렀고, 청취자는 40만 명으로 추산되었다. 장영민은 "유선방송은 개별 라디오 수신기로 자유롭게 방송국을 선택하여 듣는 무선방송 청취방법과는 다르지만, 사회적 문화적으로 고립성과 폐쇄성이 농후한 농촌에 외부 소식이 전파를 통해서 직접 전달된다는 것은 커뮤니케이션의 큰 변화였다"고 평했다.[57]

박정희 군사정부의 공보부는 1960년부터 농어촌에 스피커 보내기 운동을 추진해왔다. 공보부의 총괄 기획으로 1965년 말부터는 '농어촌 라디오 스피커 보내기 운동'이라는 공식 명칭하에 전국 주요 도시에서 대대적인 극장 모금을 계획했고, 1966

연구」『한국언론학보』 63(1) 47쪽
56 오원철, [산업전략군단사] (132) 전자공업 태동. 1993.07.06
57 장영민, 같은 글, 68-69쪽

년에 앰프와 스피커 보급 5개년 계획을 실시해서 대체로 1969년경까지 상당한 숫자의 스피커를 농어촌에 보냈다.[58] 그 결과 스피커 보급대수는 1963년에 539,137대에서 1967년에는 1,326,563대로 크게 늘었고, 1968년까지 대체로 원래 수립했던 계획을 달성하지는 못했지만 숫자가 크게 늘어난 것을 알 수 있다.

1966년부터 1970년까지의 스피커 보급 계획 및 실적

구분	1966년	1967년	1968년	1969년	1970년	계
계획	500,000	250,000	250,000	250,000	250,000	1,500,000
실적	410,000	396,115	100,000			

주: – 1966년 이전의 기보급 대수는 85만 274대임.
　　– 1968년 실적은 12월 말 현재 추계임.
자료: 국무총리 기획조사실(1969: 466)

그림 25　윤상길 2011, 226쪽에서 재인용

1960년대부터 1970년대 초까지의 유선라디오(스피커)와 무선라디오의 보급 추이

년 월	앰프	스피커	라디오	계
1963. 4.	2,348	539,137	892,571	1,431,708
1965. 12.	–	850,274	1,107,526	1,957,800
1967. 12	5,782	1,326,563	1,524,804	2,851,367
1970. 8.	7,286	512,884	2,540,375	3,035,259
1972. 12.	6,060	369,034	3,400,340	3,769,374

자료: 한국방송협회(1997: 378)

그림 26　윤상길 2011, 227쪽에서 재인용

58　윤상길, 2011, 「1960년대 한국 라디오 테크놀로지의 '부락화'」 한국방송학회 엮음, 『한국방송의 사회문화사』, 223-227쪽

윤상길의 연구에 따르면 공보부는 스피커 보급운동을 벌였을 뿐 아니라 '농가방송토론 그룹' 운동을 벌여서 라디오의 청취 공간이 국가에 의해 공적 공간으로 재편되었다고 말한다. 농가 방송토론 그룹 운동은 매체를 통한 성인교육을 극대화하기 위해서 1962년 KBS1 라디오 방송을 시작으로 최소한 1966년까지 진행되었고, 신문과 라디오에서 특정 주제를 선택해서 집단적으로 읽고 듣고, 서로 토론하는 방식으로 진행되었다. 이것은 국가의 이념과 정부 시책, 그리고 정부의 업적 등을 홍보하기 위한 활동이라는 특징이 있었다. 윤상길은 이러한 현상을 "한국 라디오 테크놀로지의 부락화"라고 불렀다.[59]

'스삐꾸'를 아시나요?

만화가 박흥용은 그의 작품 『쓰쓰돈 돈쓰 돈돈돈쓰 돈돈쓰』[60]에서 자신의 어린 시절의 경험을 기반으로 스피커를 통한 유선 라디오를 회상했다.

혹 스삐꾸라 불리던 유선 라디오를 아십니까?
라디오가 흔치 않았던 그때
라디오 없는 집을 위한

59 윤상길, 2011, 같은 글, 231–232쪽
60 모스 부호로 '소리'를 뜻한다

중계시스템이 있었습니다.

면 소재지쯤에 위치한 중계소는

공중파를 받아

각 집으로 이어진

전선(삐삐선)을 통해

…

다시 집집마다 벽과 기둥에 걸어놓은

스삐꾸(스피커의 일본식 발음)로 이어집니다.[61]

그림 27 박흥용, 『쓰쓰돈 돈쓰 돈돈돈쓰 돈돈쓰』
───── (2008) 중에서

박흥용은 충북 영동 출생으로 1969년의 시점에서 스삐꾸를 자신의 소년 시절의 중요한 기억으로 회상한다. 그에게 스삐꾸는 세상 소식을 전해주는 통로이자 "노란 샤쓰 입은 말없는 그 사람은…" 하는 유행가를 들려주는 문화수단이기도 했다. 그러나 스피커는 일방향적이고 선택의 여지가 없었다. "방송을 선택할 수 있는 튜닝은 둘째치고 볼륨마저 없어서 중계소에서 보내주는 음량 크기 그대로 고정방송(케이비에스, 제일방송)을 들

---

61 박흥용, 2008, 『쓰쓰돈 돈쓰 돈돈돈쓰 돈돈쓰』, 황매

어야" 했다. 시계가 귀했던 시절에 마을 사람들은 하루 종일 스피커를 켜놓았고 "새벽 다섯시에 방송 시작 애국가가 나오면 … 자명종 소리를 대신하려고 스피커를 끄지 않고 죙일 틀어놓았고 … 스피커 소리에 깨서 밥해먹고 학교를 다니고" 했다.

또한 이 스피커는 북한과의 체제 경쟁에서 중요한 역할을 하기도 했다. 당시 인기 프로그램이었던 김삿갓 북한 방랑기가 그 대표적인 사례였다. 이 드라마는 조선시대 방랑시인 김삿갓이 살아서 북한을 방랑한다는 가정하에 만들어진 가상 드라마였다. "오전 11시 55분에 시작되는 5분짜리 드라마 〈김삿갓 북한 방랑기〉는 김삿갓이 북한 여기저기를 돌아다니며 그곳의 사정과 북한 권력자들의 비리를 즉흥시로 지어 조롱하는 내용들로 짜여졌는데, 반공 고취용으로 제작된 연속극"이었다.

스피커와 유선방송이 주로 이승만과 박정희 정권의 공보수단으로 이용된 것은 사실이었지만, 당시 지역의 주민들은 스피커와 유선방송을 다른 맥락으로 활용하기도 했다. 도시는 '무선 라디오, 시골은 유선방송'이라는 공식이 대체로 적용되어서 지역에서는 스피커와 유선방송을 중요한 정보원이자 소통 수단, 나아가 문화적 자원으로 적극적으로 활용했다. 이 점에 대해서는 나중에 자세히 다룰 예정이다.

1부. 라디오를 둘러싼 사회-문화적 맥락

김수영의 <라디오 계(界)>와 <금성라디오 A 504>, 그리고 신동엽

일본의 잡지《개조(改造)》의 1925년 7월호에 쓴《라디오 문명의 원리》라는 글에서 소설가이자 평론가인 무로부세 고신(室伏高信)은 라디오 문명을 라디오가 대중의 의식을 통제하는 사회라고 말했다. 그는 라디오 문명의 특징이 독재식 일방향성에 있다고 주장했다. "라디오 앞에서 모든 사람들은 청중이다. 대중이 청중이다. 개인으로서의 청중이 아니다" 반면 화자(話者)는 소수이다. "한 사람이 말하고 만인이 그에 귀를 기울인다." 따라서 라디오는 소수 송신자의 목소리가 다수 수신자의 귀를 지배하는 미디어이고, 여기에서 "모든 지방적인 것이 스러지고, 중앙집중적인 것이 확립된다."[62] 실제로 무로부세 고신은 1937년에 "사랑의 손길로 일본을 포옹하고, 정열의 불꽃으로 일본을 불태우자!"라고 젊은이들의 전쟁 참여를 선동했다가 나중에 일본이 패망의 내리막길을 걷게 되자 갑작스럽게 은둔하기도 했다.[63]

일본의 라디오 방송은 처음부터 국가의 중앙집권적 통제하에 있었지만, 1920년대까지는 국민을 직접 조작하려는 시도를 하지 않았다. 그러나 만주사변 이후 이른바 '라디오의 시국화'가 진행되었고, 라디오는 파시즘 체제를 강화하기 위한 수단이

---

62 요시미 순야, 앞의 책, 282-283쪽
63 후루이치 노리토시, 2014, 『절망의 나라의 행복한 젊은이들』, 이언숙 역, 민음사

되었다. 초기에는 많은 지식인들이 라디오를 통해 세계시민의 시야가 확대될 것이라는 순진한 기대를 품었지만, 차츰 파시즘의 통치 수단으로 우경화되자 무라야마 도모요시(村山知義)를 비롯한 진보적인 평자들은 비판적인 태도를 취했다. 무라야마는 1931년 《중앙공론(中央公論)》에 실은 글에서 이러한 현상을 '하얀 마수'라고 비판했다.

> 확실히 우리는 라디오에 거의 관심을 갖지 않았다. 지배계급은 우리의 이런 멍청함을 히죽히죽 웃으면서 은밀하게 바라보고 있다. 그리고 착착 하얀 마수를 뻗치고 있다.[64]

훗날 춘향전을 연극으로 만들어 일본과 한국에서 순회공연을 벌이면서 "'정복자', '가해자'라는 죄의식에서 조선인의 '협력자'가 되어 조선을 사랑하고 이해하고자 했던"[65] 양심적인 지식인 무라야마는 일본 정부가 비합법적인 전파를 규제할 목적으로 아마추어 무선국을 감시하는 상황을 비판하면서 전파 경찰이라고 비판했다.

이러한 상황은 1960년대와 70년대 국내에서도 거의 판박이처럼 되풀이되었다. 풀잎의 시인 김수영은 〈라디오 계(界)〉라

---

64 요시미 순야, 앞의 책, 287쪽
65 이정욱, 2019, 「일제 강점기 무라야마 도모요시(村山知義)와 재일본 조선인 연극」, 『인문사회 21』, 10권 4호, 1589-1604쪽

는 시에서 "이북 방송이 불온 방송이 되는" 현실을 개탄했다.

6이 KBS 제2방송

7이 동 제1방송

그 사이에 시시한 주파가 있고

8의 조금 전에 동아방송이 있고

8. 5가 KY인가 보다

그리고 10.5는 몸서리치이는 그것

(중략)

지금은 너무나 또렷한 입체음을 통해서

들어오는 이북 방송이 불온 방송이

아니 되는 날이 오면

그때는 지금 일본 말 방송을 안 듣듯이

나도 모르는 사이에 아무 미련도 없이

회한도 없이 안 듣게 되는 날이 올 것이다……**66**

이 시에서 김수영은 국가 권력에 의해 이북 방송이 불온 방송이 되는 현실을 날카롭게 비판했다. 주영중은 "반공을 국시로 삼던 시기에 방송들은 국가나 권력에 의해 반공의 메시지들을 끊임없이 생산하도록 독려받았을 것이고, 이를 실행함으

---

66 김수영, 2018, 〈라디오 계(界)〉, 『김수영 전집 1 시』, 민음사, 374-375쪽

로써 반공이데올로기를 고착화하는 데 기여했을 것"이라고 썼다.[67]

김수영은 이 작품 이외에도 여러 편의 시와 산문에서 새롭게 등장한 라디오와 텔레비전과 같은 대중매체에 대한 당시 정부의 통제를 비판하고 언론 자유를 주장했다. 그것은 "불온성 자체가 문화의 본질"이라는 그의 믿음에서 비롯된 것이었다. 그는《조선일보》에 1968년 2월 27일에 쓴 〈실험적인 문학과 정치적 자유〉라는 글에 대해 이어령이 반론을 제기하면서 불거진 '불온성' 논란이 불온성을 정치적 불온성으로만 좁게 한정한다고 비판한 글에서 이렇게 말했다.

> 본인은 〈모든 전위문학은 불온〉하고 〈모든 살아 있는 문화는 본질적으로 불온한 것〉이라고 말하면서 그 이유로서 〈그것은 두말할 것도 없이 문화의 본질이 꿈을 추구하는 것이고 불가능을 추구하는 것이기 때문〉이라고 명확하게 문화의 본질로서의 불온성을 밝혀두었는 데도 불구하고, (중략)
>
> 이러한 불온성은 예술과 문화의 원동력이 되는 것이고 인류의 문화사와 예술사가 바로 이 불온의 수난의 역사가 되는 것이다.[68]

---

67 주영중, 2012, 「미디어를 통해 본 김수영의 시세계, 대중매체와의 관계를 중심으로」, 『한국문학연구』 43, 7-43, 19쪽

68 김수영, 2003, 〈〈불온성〉에 대한 비과학적인 억측〉, 『김수영 전집 2 산문』, 민음사,

그의 비판은 새롭게 등장하던 대중매체 전반으로 이어졌다. 그는 〈제정신을 갖고 사는 사람은 없는가〉라는 산문에서 이렇게 대중매체를 비판했다.

신문은 감히 월남파병을 반대하지 못하고, 노동조합은 질식 상태에 있고, 언론자유는 이불 속에서도 활개를 못치고 있다. (중략)

제정신을 갖고 경영하는 극장이나, 제정신을 갖고 방송하는 방송국이나, 제정신을 갖고 제작하는 신문이나 잡지나, 제정신을 갖고 가르치는 교육자를 생각해 볼 때 그것은 양식을 가진 건물이며 극장이며 방송국이며 신문이며 잡지이며 교육자를 연상할 수 있는데, 아직은 시단의 경우처럼 제 나름의 양식을 가진 것이 지극히 드물다. 균형과 색조의 조화가 없는 부정의 건물이 너무 많이 신축되고, 서부영화나 그것을 본딴 국산영화로 관객을 타락시키는 극장이 너무 많이 장을 치고, 약광고의 선전에 미친 방송국이 너무 많고, 신문과 잡지는 보수주의와 상업주의의 탈을 벗지 못하고 (중략)

제정신을 갖고 사는 사람은 없는가, 이에 대한 나의 처방적인 나의 답변은, 아직도 과격하고 아직도 수감 중에 있다.[69]

224-225쪽

69 김수영, 2003, 〈제정신을 갖고 사는 사람은 없는가〉, 『김수영 전집 2 산문』, 민음사, 185-189쪽

이러한 비판은 새로운 대중매체에 적응할 수밖에 없는 자신에 대한 연민과 스스로에 대한 비판으로 이어진다. 이것은 당시 이른바 순수 문학을 지키려고 한 사람들에게 공통된 현상이기도 했다.

　"지금 나는 바로 옥색빛 나는 새로 산 금성표 라디오 앞에서 며칠 후에 이 라디오로 들을 수 있는 방송용 수필을 쓰고 있다."는 구절로 시작된 그의 산문 〈금성라디오〉는 "라디오 드라마를 써야 좋으냐 어떻게 해야 좋으냐"는 질문을 받고 고뇌하는 내용으로 이어진다. 그는 "순수한 문학의 길을 지키기 위해서 라디오 드라마를 쓰지 않으려고 고리대금을 하는 소설가"의 물음에 궁색한 답을 하는 자신을 탓하면서, 이렇게 말한다.

　"그러나 잠시 생각해 보자. 아나운서 동지! 잠깐만 침묵해 주시오. 한 3초 동안만! 나는 라디오를 비방하는 것이 아니오. 라디오 드라마를 비방하는 것도 아니오. 아나운서 동지를 비방하는 것은 물론 아니오. 고리대금을 하는 것조차도 이제는 예사로 생각하고 있소. 오히려 용감하다고까지 생각하고 있소. (중략)

　방송을 해서 청자나 필자에게 들려주기 위한 수필을 쓰고 있는 것이 아니라, 내가 라디오에게 들려주는 수필을 쓰고 있단 말이오. 말하자면 나는 내 앞에 놓인 나의 라디오와 연애를 하고 있는 것이오."**70**

그는 잠시도 쉬지 않고 소리를 쏟아내고 있는 라디오를 향해 "한 3초 동안만"이라도 침묵해달라고 외친다. 라디오는 우리에게 생각할 시간을 주지 않고, 사람들을 무언가로 몰아댄다. 그리고 사람들에게 새로운 것을 받아들이라고 채근해댄다. 그는 라디오를 비방하는 것도, 드라마를 비방하는 것도 아니라고 말한다. 그는 자신이 쓰는 글이 "라디오에게 들려주는 수필"이라고 말한다. 이러한 그의 심경은 잘 알려진 시 〈금성라디오〉에서 좀더 분명하게 드러난다.

> 금성라디오 A 504를 맑게 개인 가을날
> 일수로 사들여 온 것처럼
> 500원인가를 깎아서 일수로 사들여 온 것처럼
> 그만큼 손쉽게
> 내 몸과 내 노래는 타락했다
>
> 헌 기계는 가게로 가게에 있던 기계는
> 옆에 새로 난 쌀가게로 타락해 가고
> 어제는 캐시밀론이 들은 새 이불이
> 어젯밤에는 새 책이
> 오늘 오후에는 새 라디오가 승격해 들어왔다

70 김수영, 2003, 〈금성라디오〉, 『김수영 전집 2 산문』, 민음사, 102-103쪽

아내는 이런 어려운 일들을 어렵지 않게 해치운다

결단은 이제 여자의 것이다

나를 죽이는 여자의 유희다

아이놈은 라디오를 보더니

왜 새 수련장은 안 사왔느냐고 대들지만**71**

　　김수영의 아내 김현경은 장롱이며 책장, 의자, 화장대를 사들이며 세간을 불려가는 데 재미를 붙였고, 텔레비전과 피아노를 사겠다고 했을 때 김수영은 두 손을 싹싹 비비면서 그것만은 사들이지 말라고 사정했지만 성공할 수 없었다고 한다. 일수(日收)는 당시 목돈을 마련하기 힘든 서민들이 비싼 물건을 살 때 매일같이 할부금을 나누어 내는 구입방식이었으니, 글을 써서 먹고 사느라 살림이 빠듯했던 김수영의 안방까지 라디오는 '손쉽게' 진입했던 것을 알 수 있다. 이미 라디오는, 그리고 이후 등장한 텔레비전은 대중들을 사로잡았고, 일수로 들인 옥색으로 번쩍이는 A-504 금성라디오는 김수영의 책상 위에 올라 있고, "그만큼 손쉽게 내 몸과 내 노래는 타락했다".

　　한편, 김수영이 산문 〈제정신을 갖고 사는 사람은 없는가〉에서 극찬했던 〈4월은 갈아엎는 달〉을 쓴 시인 신동엽은 보다 적극적으로 라디오라는 새로운 매체를 받아들였다. 신동엽은

71　김수영, 2018, 〈금성라디오〉, 『김수영 전집 시』, 민음사, 348쪽

1967년 동양라디오에서 〈내 마음 끝까지〉라는 코너를 진행했다. 이 코너는 "아직 안 주무시고 이 시간을 기다려주셔서 고마워요. 창밖에는 바람이 불고 있군요. 좀더 가까이 다가오셔서 제 이야기에 귀를 기울여주세요"라는 오프닝 멘트로 시작되었다.

〈껍데기는 가라〉로 익히 알려진 대표적인 참여시인이자 저항시인인 신동엽이 라디오 코너를 진행했다는 것은 의외의 일로 여겨질 수 있다. 그러나 박은미는 "사랑, 인류평화, 자유 등의 보편적 주제를 선정하여 대중들에게 공감의 폭을 확대하였고 다른 시인이나 소설가의 작품들과 신동엽 시인 자신의 이야기를 함께 들려줌으로써 기존의 예술을 전달하는 것뿐만이 아니라 자신이 생각하는 현대인들의 문제점과 그것에 대한 성찰을 청중들에게 들려"주었다고 적극적으로 평가했다.[72] 당시 지식인들이 새로운 매체인 라디오에 대해 취했던 태도는 이처럼 다양했던 것으로 보인다.

---

72 박은미, 2019, 「신동엽 시인의 라디오 대본 연구」, 『리터러시 연구』, 10권 2호, 477–502, 485쪽

3장

1960-1970년대
라디오 문화 속에 내장된
'기술입국'과 '애국주의'

　　1950년대 말에서 70년대에 걸쳐 국내에서 라디오는 텔레비전 방송이 대중화되기까지 가장 중요한 대중매체로 자리잡았다. 이른바 라디오의 전성시기였던 셈이다. 이 시기는 KBS 이외에도 CBS, MBC, DBS 등 민간 상업 라디오 방송들이 속속 개국하면서 주로 연속극이라 불렸던 라디오 드라마의 청취율 경쟁을 뜨겁게 벌였던 시기였다. 당시 황금시간대에는 방송사마다 일일 연속극을 편성해서 청취자들을 확보하려고 애썼다. 필자도 국민학교 시절에 "인생은 나그네길 어디서 왔다가 어디로 가는가 …"로 시작되는 고(故) 최희준이 구성지게 부르던 연속극 〈하숙생〉[73] 주제곡을 어른들 틈에서 들으며 제대로 이해하지도 못하는 연속극을 열심히 청취했던 기억이 있다.

그렇지만 이 시기는 라디오 방송의 황금기였을 뿐 아니라, 라디오 기술을 익혀서 직업적인 라디오 기술자나 수리공이 되어 밥벌이라도 하려는 사람들이나 라디오나 무선기기를 자기 손으로 조립하려는 꿈을 가진 젊은이들이 출현한 중요한 시기이기도 하다.

형성기 자작 문화에 배태된 '기술입국'과 '조국 근대화'

이러한 '자작(自作)' 문화는 해방 이전부터 시작되었다. 우리나라에서 최초의 라디오 방송이 시작한 것은 일제 강점기인 1927년 경성방송국이 설립된 후였다. 호출부호 JODK, 출력 1kW, 주파수 690kHz로 첫 방송이 시작되었다. 당시 라디오 수신기는 대개 값비싼 외국산이어서 극소수의 자산가나 권력층이 아니고는 라디오 수신기를 갖추기 힘들었다. 따라서 일제 강점기에는 라디오를 듣고 싶어하던 애호가들이 전기가 없이도 크리스털 이어폰으로 라디오 방송을 들을 수 있었던 광석 라디오를 자작했다. 해방 후 자작 문화는 일제가 버리고 간 망가진 무전기 부품을 활용해서 라디오 수신기를 만들기 위한 노력으로 이어졌다. 이러한 자작 문화는 1950년대 전시(戰時)에도 이어졌다. 서울의 장사동에서부터 전쟁통이었던 피난지 부산의

---

73 〈하숙생〉은 1965년 KBS가 방영했던 인기 라디오 드라마였다.

광복동까지 젊은 학생들은 일제 폐품 무전기와 미군 부대에서 흘러나온 미제 부품들을 이용해서 무선 수신기를 만들었다.

전쟁 직후 전자 부품업체들이 집결한 서울 장사동 거리를 누비던 초기 '장사동 키드'부터 1969년 설립된 세운상가를 중심으로 활동했던 2기 '라디오 보이'에 이르기까지 우리나라의 라디오 문화는 다른 나라에 뒤지지 않을 만큼 활발하게 이루어졌고, 그 사회적 및 문화적 함의가 컸다.

일제 강점기에서 해방을 거쳐 1960년대와 1970년대에 이르기까지 역사적 격랑기를 거치면서 상당히 오랜 시간 동안 형성된 라디오 문화는 당시 시대적 맥락과 정치 사회적 사건들에 의해서 독특한 특성을 갖추게 되었다. 이 시기에 라디오를 둘러싼 문화에 영향을 미친 중요한 요소들 중에서도 가장 비중이 큰 것은 5·16 쿠데타를 통해 정권을 잡은 박정희 군사정권이었다. 앞장에서도 라디오가 군사정권의 공보수단으로 활용되고 적극적으로 육성된 과정을 서술했지만, 박정희 군사정권은 이후 정권의 정당성을 확보하기 위해 이른바 '개발독재시대'를 개막했고, '조국 근대화', '과학입국', '기술자립', '생활의 과학화', '전 국민 과학화' 등의 구호를 전면에 내걸고 대대적인 국가동원 체제를 구축했다. 조희연은 박정희 정권을 '개발동원체제'로 정의한다.

개발동원체제란 개발(발전 혹은 성장)이라는 목표를 향해

科學立國
技術自立

一九七六年十月三日

大統領 朴正熙

그림 28 대덕연구단지 착공 3년차인
——— 1976년 10월 3일 개천절에 박
정희가 과학기술처에 보낸 친필
휘호

국가가 위로부터 사회를 강력하게 추동하고 동원하는 체제이다. 여기에서 개발동원체제의 목표로서 '개발'은 국가의 절대적 목표가 된다. 자본주의적 개발동원체계의 경우, 근대화, 개발, 자본주의화, 산업화라는 것이 시대사적 과제로 여겨지고, 그런 개발 목표를 뒤늦게나마 성취하는 것이 사회구성원들의 준(準)합의로 존재하기 때문이다. 1960-1970년대 제3세계 일반에서 경제적 근대화는 민족주의의 지상 과제였으며, 개발, 조국 근대화, 산업화, 수출 증대는 아무도 범접하지 못하는 도덕적이고 문명적이며 민족적인 목표로 간주되었기 때문에 개발동원체제에서 개발이라는 목표는 그 체제의 예외적인 동원을 정당화하는 제일의 근거가 된다. 개발동원체제란 바로 이런 개발이라는 목표를 압축적으로 성취하기 위해 전력 질주하는 체계다.[74]

---

74 조희연, 2010, 『동원된 근대화, 박정희 개발동원체제의 정치사회적 이중성』, 후마니타스, 32-33쪽

군사 쿠데타에 성공한 5·16 세력은 경제발전의 비전을 제시하면서 과거 민간 정부가 하지 못했던 경제개발을 위해 위로부터의 강력한 드라이브 정책을 펴기 시작했다. 1961년 과거 부흥부를 확대 개편해서 경제기획원을 발족했고, 1962년에는 1차 경제개발 5개년 계획을 발표했다. 그 목표와 내용은 다음과 같다. 첫째, 경제발전에 애로가 되는 전력과 석탄 등 주요 에너지원을 확보한다. 둘째, 시멘트, 비료 정유 공장 등 기간 산업을 확충하고 사회 간접자본을 충족한다. 셋째, 농업 생산력을 높여서 농가 소득을 올려 국민경제의 구조적 불균형을 시정한다. 넷째, 수출 진흥을 주축으로 국제수지를 개선한다. 다섯째, 과학기술을 진흥하는 등 자립경제를 확립한다. [75]

이후 박정희 정부는 1967년에 과학기술처를 발족하고, 1969년부터 생활의 과학화와 과학적 풍토조성을 주요 시책으로 펼쳤다. 1970년대는 정부가 직접 나서서 과학 계몽을 조직하는 과정으로 전환하면서 '전 국민 과학화 운동'을 벌였다. 이렇게 1960년대 이후 1970년대에 이르기까지 심화된 동원체제는 당시 막 형성되던 라디오 문화에도 깊은 영향을 미쳤다.

이 시기에 등장한 중요한 잡지인 《전파과학》과 《학생과학》은 새로운 기술을 습득하고 자기 손으로 라디오와 앰프, 아마추어 무선기기 등을 만들어보려는 청소년들에게 보물과도 같은

---

75 조희연, 2007, 『박정희와 개발독재시대 ― 5·16에서 1026까지』, 역사비평사, 39-40쪽

존재였다. 라디오 문화에서 핵심적 지위를 차지했던 이런 잡지들은 '과학입국'과 '과학의 생활화'와 같은 당시 박정희 군사정부의 주장에 공명했다.

전파과학사와 '과학입국'

지금도 과거에 라디오나 앰프를 조립하느라 땜질깨나 했던 사람들이나 아마추어 무선을 즐겼던 사람들에게 《전파과학》과 손영수 회장은 잊을 수 없는 소중한 과거의 추억일 것이다. 잡지 《전파과학》과 출판사 전파과학사에서 나온 라디오 제작집이나 회로집은 당시 라디오 보이들에게 더할 나위 없이 소중한 자료이자 스승이었다.

전파과학사(電波科學社)는 한국전쟁 직후 피폐할 대로 피폐된 상황에서 창업자 손영수(孫永壽)가 내린 개인적 결단의 산물이었다. 손영수가 처음 과학을 접한 것은 일제시대 조선무선통신학교에 들어간 때였다. 외항선원이 되는 것이 꿈이었지만 완고한 집안의 반대로 좌절되자 당시 신기술이었던 무선기술을 배운다고 부모를 설득하기 위한 것이었다. 그는 해방 이후 고향에서 국민학교와 중학교 교사 생활을 하기도 했고, 48년에는 체신부 전파국에서 근무하기도 했다. 그후 한국전쟁이 터지면서 육군통신학교에 입교해서 통신장교로 임관해서 55년까지 군에서 복무했다.[76] 군 복무 기간 동안 통신병들을 위한 교재를

만든 것이 그가 과학출판과 처음 맺은 인연이었다.[77]

제대 후 다시 체신부에 들어간 그는 체신부장관 비서관으로 근무하다가 『초등무선공학』이라는 책을 쓰게 되었다. 그러나 이 책을 발간할 출판사를 찾아보았지만 결국 찾지 못하고 스스로 출판사를 설립하기로 결심했다. 『초등무선공학』을 쓰게 된 것은 "아직도 구호물자와 실업자들이 거리를 배회하던 시절에 청소년들에게 라디오를 조립하

그림 29 《전파과학》 1959년 5월 창간호(자료제공: 서울SF아카이브)

는 방법이라도 일러주면 취미도 즐기고 기술도 익혀서 일자리도 구할 수 있을 것이라는 생각"[78]을 했기 때문이었다. 결국 그는 당시로서는 일자리가 보장되었던 체신부를 그만두고 1956년에 전파과학사를 세웠다. 가산을 정리해서 전파과학사를 시작하게 된 동기는 전쟁이 끝난 후 생존이 가장 큰 관심사였던 시대에 청소년들에게 도움이 되는 기술을 보급하는 것이 필요하다는 소박한 생각이었다.[79]

---

76 《인사이더월드》통권 48호, 1993년 10월호, 인터뷰기사 "조국이 사는 길은 科學立國뿐이었다".

77 《한국일보》, 1991년 4월 20일자, "科學출판 大衆化연 '외곬人生'"

78 《한국일보》, 위 기사

79 필자와의 인터뷰(2003. 1. 10)에서 그는 이렇게 말했다. "당시 체신부에서 남아있

그림 30 손영수 회장에게 직접 받은 1993년
10월 〈인사이더 월드〉 인터뷰 자료

이후 손영수는 1959년 5월에 《전파과학》이라는 잡지를 창간했다.

손영수는 《전파과학》 창간사에서 이렇게 말했다.

저는 과학, 기술의 평이대중화(平易大衆化)는 우선 우리들의 일상생활에서부터라는 신념으로 이 《전파과학》을 여러분 앞에 내어놓습니다. 전파는 그 발명이 불과 반세기 전임에도 불구하고 오늘날 인류의 과학문명에서 그 첨단을 걷고 있습니다 … 요즈음 세계의 모든 사람들이 놀라고 또 주의를 모으고 있는 저 인공위성이나 달세계로의 로케트 등이 모두 이 신비로운 전파를 매개로 해서 귀중한 연구자료를 보내주고 있습니다. 우리들도 하루빨리 선진국가의 그런 수준을 따라가야 하겠습니다.

당시 '전파'는 첨단과학의 상징이었고, 전자라는 말보다 먼

으라는 권유가 많았다. 출판을 해서 어떻게 먹고 살겠느냐는 만류가 있었지만, 청소년들에게 1인 1기를 가르쳐야 한다는 생각으로 출판사를 시작했다."

1부. 라디오를 둘러싼 사회-문화적 맥락

저 사용되었다. 전파과학은 그후 60년대 말에 전자과학으로 제호를 바꾸었다. 이 창간사에서 손영수는 "하루빨리 선진국의 수준을 따라가야" 하는 것이 우리의 사명이라고 주장하고 있다. 그는 여러 언론매체와의 인터뷰 기사에서도 자신의 전파과학사 설립이 이러한 애국주의적 행위였음을 토로했다.

창간호에 실린 축사에 해당하는 '선배의 말씀'에서도 당시 체신부 차관이자 대한전파통신협회장이었던 조응천은 이렇게 말했다.

인공위성이 맴돌고 초음속 젯트 비행기가 나르는 판에 우리들의 힘으로 이룩한 것은 무엇을 자랑할만 합니까? 우리집이나 이웃집에 있는 그 흔한 라디오만해도 변변하게 만들어낸 것이 없습니다 ... 이제는 시대의 흐름을 같이해 가면서 남들이 앞서간 과학기술진을 하루 속이 내것으로 만들고 거기에서 솟아나는 힘으로 우리들과 우리 개인이나 나라의 생활하는 힘을 기루어 나가면서 당당히 세계로 진출하기를 바라는 바입니다.[80]

전파과학사의 설립과 과학잡지 《전파과학》의 창간은 당시 우리 나라의 경제적, 문화적 상황에 비추어 획기적인 일이었다. 아직 전후 복구작업이 한창이었고 자신의 생존 이외에 다른 관

---

80 조응천, 1959, "시대와 호흡을 같이하는 생활",《전파과학》창간호, 2쪽

그림 31   1989년 8월 11일자《국민일보》 기사

심을 쏟을 여유가 없던 절박한 시절에 혼자 힘으로 출판사를
설립하고, 아직 전파라는 말조차 생소하던 시절에 이런 잡지를
창간한 것은 개인적인 신념이 없었다면 불가능한 일이었다.[81]
그밖에도 손영수는 60년대 초에《과학신문》과《과학과 생활》
이라는 잡지를 발간했지만 단명으로 끝나고 말았다.[82]

　전파과학사는 우리나라 대중과학 출판의 효시이기도 하다.

81　"전파라는 단어조차 생소하던 때라 그는 창간호를 직접 자전거에 싣고 서점을 돌며
　　직접 배달했다"(《조선일보》, 1985. 2. 8.. "과학출판의 외톨이 손영수씨")
82　송상용, "과학지의 어제와 오늘", 한국과학저술인협회보 제3호. 1983. 10. 20.

우리나라에서 대중과학서는 '현대과학 신서'를 발간해서 국내 저자들의 저서와 일본 고단샤(講談社)의 '블루백스 시리즈'를 번역 출간한 전파과학사와 함께 시작되었다고 해도 과언이 아니다. 따라서 대중과학출판의 초기 발생기는 곧 전파과학사의 역사라고도 할 수 있다.[83]

그림 32 1968년에 발간된 전파과학 ─── 사의 『라디오 제작집』

그는 1989년 8월 11일자 국민일보 인터뷰에서 "3년간의 전화(戰禍)가 한 줌 자원도 남김없이 철저하게 파괴하고 지나간 이 땅을 위해 자신이 할 일이 무엇인가를 진지하고 고민하게 됐고, 그에 따라 내린 결론이 '과학입국'이었다. 한줌 자본도 자원도 없는 이 나라가 살아갈 방법은 과학기술로 탄탄히 무장한 인재를 키우는 길밖에 없다고 믿었던 것"이라고 말했다.[84] 그는 전쟁으로 피폐화된 상황에서 청소년들에게 전자 기술을 가르칠 수 있는 실용적인 잡지와 라디오 도서, 회로집 등을 발간했다.

"할 일이 없어 거리를 헤매는 아이들이 라디오 기술이라도 배우면 라디오 수리라도 하면서 살 수 있을 것"이라는 생각은

---

83 김동광, 2002, 〈한국의 대중과학출판연구〉, 한국과학문화재단
84 〈과학입국 희망걸고 초지일관 33년〉 1989년 8월 11일자《국민일보》기사, 205호 8쪽.

손영수 회장의 사고 속에 깊이 각인되어 있었다. 이러한 생각은 몇 년 후 박정희가 군사 구테타를 일으킨 후 내건 '과학입국'의 구호와 일치하는 것이었다. 또한 그것은 단지 손영수 회장 개인뿐이 아니었다. 당시 장사동과 세운상가를 누비던 라디오 보이들도 이러한 애국주의에 공감했다. 그들에게 라디오 조립은 단순한 취미가 아니라 값비싼 기성품 라디오를 살 수 없는 상황에서 스스로 수신기와 앰프를 조립해 라디오와 음악을 즐긴다는 실용적인 목적을 가지고 있었고, 나아가 전쟁으로 피폐했던 상황에서 기술로 나라를 일으켜 세운다는 애국심과 스스로의 행위를 결부시키기도 했다. 따라서 당시 라디오 문화 자체에 애국주의의 모습을 한 국가주의와 실용주의가 진공관과 트랜지스터와 함께 내장(內藏)되었던 셈이다.

이것은 당시 전자 서적을 팔던 업체들의 광고문구에서도 뚜렷이 나타난다.

기술서적을 발행하던 세운기술사의 이 광고는 기술이 "당신과 국가가 잘사는 지름길"이라고 선언하고 있다. 당시 "기술은 보이지 않는 자산이다", "기술이 국력이다", "기술만이 살길이다"라는 식의 문구는 잡지와 광고 곳곳에서 발견할 수 있었고, 이런 주장에 이의를 제기하는 사람은 아무도 없었다.

필자가 국민학교 6학년이었던 1969년에 같은 반 남학생들의 70% 이상이 미래의 꿈은 과학자였고, 당시 아폴로 11호가 달에 착륙했던 소식이 국내에서도 최고의 뉴스였고, 영화관에서 상영하던 〈대한 늬우스〉는 당시 박정희 대통령이 초청해서 시청 앞에서 카페이드를 벌였던 우주인들에 대한 보도가 대부분을 차지했다. 남자 아이들은 칠판에 낙서를 할 때면 로켓을 그려놓고 거기에 '진달래'호나 '백두산호'와 같은 이름을 붙여 우리 토종 로켓이 발사될 날을 고대했다. 이러한 애국주의를 확고하게 떠받친 것이 1968년 발표된 국민교육헌장이었다.

국민교육헌장과 '애국 소년'의 탄생

1968년 12월 5일에 대통령 박정희의 이름으로 국민교육헌장이 발표되었다. 393자로 이루어진 국민교육헌장은 이은상, 박종홍, 이인기 세 사람이 기초위원이었고, 각계 인사 44명으로 심의위원회가 구성되었다. 이은상이 초안을 작성했지만 최종적으로 채택된 것은 국가재건최고회의 시절부터 정권의 핵심 인물이었던 박종홍의 안이었다고 한다.[85]

당시 국민학교 6학년이었던 필자

그림 33 《전자과학》1972년 11월호에
—— 실린 광고 (자료제공: 서울SF아
카이브)

---

85 강준만, 2004, 『한국현대사산책 1960년대 3권, 4·19혁명에서 3선개헌까지』, 인물과사상사, 235-237쪽

의 담임 선생님은 조회시간에 엄숙한 어조로 우리나라 최고의 지성들이 머리를 맞대고 만든 국민교육헌장이니 한 자도 빼지 말고 외워야 한다고 선언했다. 아이들은 "우리는 민족중흥의 역사적 사명을 띠고 이 땅에 태어났다. 조상의 빛난 얼을 오늘에 되살려…"로 시작되는 국민교육헌장을 달달 외웠고, 지금도 그 무렵 국민학교를 다녔던 세대들은 타자연습을 할 때에도 저절로 이 국민교육헌장을 치고 있는 자신을 발견하게 된다. 김창남은 자신의 경험을 이렇게 술회했다.

어느 날인가 수업이 끝난 후 담임선생은 국민교육헌장을 큰 소리로 다 외운 학생만 집으로 돌아갈 수 있다며 먼저 할 사람부터 손을 들어보라고 했다.

나는 세 번째로 손을 들어 국민교육헌장을 외우고 부러워하는 친구들의 시선을 뒤로 하며 자랑스럽게 교실 밖으로 나왔다. (중략)

'민족중흥'이니 '인류공영'이니 '상부상조'니 무슨 뜻인지도 모르는 딱딱한 단어들을 앵무새처럼 외워댄 게 뭐 그리 자랑스러울 게 있을까마는 (중략) 토씨 하나 틀리지 않고 국민교육헌장을 낭송했을 때 담임선생이 이렇게 말했다. "그래, 잘했어. 넌 애국자다."

애국자라니… 드디어 나도 안중근 의사나 이순신 장군 같은 애국자 반열에 오른 거다. 어찌 자랑스럽지 않을 수 있었을

까. 국민교육헌장이 일본 천황에 충성을 맹세하던 일제의 교육 칙어를 본뜬 것이고, 군국주의의 잔재며 온 나라를 병영사회로 만들고자 했던 박정희 통치 이념의 산물이라는 걸 알게 된 건 한참이나 지나 대학생이 된 후다.[86]

이처럼 당시 아이들부터 위정자에 이르기까지 전 국민에게 애국주의는 세포 하나하나에까지 배어 있었다. 딱딱한 대통령의 연두 기자회견문에서부터 민간 잡지의 창간사와 편집 후기, 민간 기업의 광고문, 그리고 국민학교 교실 칠판에 아이들이 그려놓은 토종 이름이 붙은 '국산' 로켓 그림에 이르기까지 애국주의가 깊숙이 내장되었던 셈이다. 애국주의는 당시 당연시된 '문화'였다.

《학생과학》과 '애국적 과학주의'

1960년대에서 1980년대까지 과학에 관심이 많았거나 라디오 조립과 공작(工作)을 취미로 삼았던 사람들에게는 지금도 잊을 수 없는 잡지가 《학생과학》과 《라디오와 모형》, 그리고 《과학과 공작》일 것이다. 지금은 장년이나 노년이 되어 머리가 희끗희끗해졌겠지만 책장 귀퉁이에 아직도 《학생과학》 한 두

---

86 김창남. 2015. 『나의 문화편력기, 기억과 의미의 역사』 정한책방, 46-47쪽

권쯤 꽂혀 있고 이따금 꺼내보면서 추억에 잠기는 사람들이 꽤 있을 것이다.

《학생과학》은 과학세계사가 청소년을 위한 과학잡지로 1965년 11월에 창간했다. 학생세계사는 그보다 1년 전《과학세기(科學世紀)》라는 종합 과학잡지를 발간하기도 했다. 이 잡지는 1983년까지 발간되었고, 이후《한국일보》사에 인수되었다. 창간사 〈학생과 과학과 과학진흥〉에서 발행인 남궁호는 전파과학사의 손영수와 마찬가지로 과학진흥만이 살 길임을 강조했다.

우리가 남보다 잘살고, 보람있는 삶을 유지하려면 과학기술의 진흥 외에는 별다른 뾰족한 길이 없고, 과학에는 결코 비약이 없다는 것은 우리 모두가 다시금 음미해볼 필요가 있다고 봅니다. 우리도 실질적인 과학시대를 누릴려면 즉 과학진흥의 달성은 뼈아프게 과학을 연구하고, 재빨리 실생활에 응용하는 데 있다고 봅니다. 여기에 반드시 따라야 할 문제는 훌륭한 과학기술자의 효과적인 양성과 나아가서 일반인도 과학에 몸이 배어야겠다는 것입니다 …[87]

이 창간사는 "잘 살고 보람있는 삶을 위해 과학기술의 진흥

---

[87] 남궁호, 창간에 부쳐 〈학생과 과학과 과학진흥〉《학생과학》창간호 1965년 11월. 과학세계사. 25쪽

1부. 라디오를 둘러싼 사회-문화적 맥락

외에 뾰족한 길이 없고, 과학에는 결코 비약이 없다"고 강조하고 있다. 이것은 당시 과학기술에 대한 박정희 정부의 주장과 일맥상통한다. 그는 계속해서 과학적 생활과 합리적 사고의 중요성을 제기했다. "여러분에게 특히 하고 싶은 말은 여러분이 장래 과학자가 되든 안 되든 과학적인 생활과 합리적인 사고를 하는 과학자나 문화인이 되는 준비의 밑거름이 되고, 과학과 생활을 연결시켜 생활을 과학화시켜 줄 수 있는 유익하고 새로운 과학지식을 전달해주는 학생을 위한, 학생의 《학생과학》이 되도록 힘껏 노력하겠다는 것입니다." 생활의 과학화는 당시 박정희 정부가 내걸었던 중요한 구호였다. 청소년 잡지의 창간사로는 무척 무겁고, 진지한 구호인 셈이다.

학생과학은 '실험 관찰', '공작 사용법', '과학자 전기', '과학소설(SF)', '과학만화' 등의 고정 기획으로 구성되었고, 이외에도 '퍼즐', '무엇이든지 물어보세요', '해외 과학계 소식', '국내 과학자의 청소년 시절', '과학영어' 등 말 그대로 교양과 학습, 공작을 망라한 종합 과학지의 면모를 두루 갖추고 있었다. 이 구성은 학생들에게 과학지식을 전파하고, 외국의 선진 과학계 소식을 접하고 과학영어를 학습하고, 합리적이고 과학적 사고를 갖추게 하겠다는 발행인의 의도를 충실하게 구현하고 있다.

이러한 관점은 발행인뿐 아니라 편집진에서도 마찬가지로 공유되었다. '훈'과 '명(明)'의 이니셜을 쓴 편집자들은 이렇게 창간호 발간의 후기를 썼다.

주위를 둘러보면 모두가 과학입니다. 생활에서 과학을 뺀다면 다시 태고의 원시시대로 돌아갈 만큼 우리는 지금 과학 속에 살고 있습니다. 그러나 흔히 생각 키우듯 우리의 생각과 삶이 과학화(科學化)되지는 못하였습니다. 달과 화성을 찾아가는 오늘 너무도 큰 외로움입니다.(훈)

잘 사는 사람들은 과학생활을 하고 못 먹고 못 입는 나라 사람들을 보면 과학이 발달되지 못하고 있습니다. 부자집을 가보면 과학기술을 응용한 여러 가지 생활기구들이 놓여져 있는데 과학을 모르는 농촌을 가보면 원시적인 생활로부터 벗어나지 못하고 있는 걸 봅니다. 과학을 이용해야 하는 〈공장〉에서 〈생산〉하는 과학물품을 이용하여 과학생활을 해야만이 잘 사는 길이라는 것을 뼈저리게 느껴야 할 것이며, 학생과학을 내는 까닭이 바로 여기에도 있는 것입니다.(明[88])

여기에서 요약될 수 있는 내용은 "과학의 생활화와 생활의 과학화"이다. 이것은 당시 박정희 정부가 내세웠던 '기술입국'의 구호나 이후 1970년대에 본격화된 전 국민 과학화 운동의 주장과 일치한다.

---

[88] 창간호 편집후기 〈안국동 로타리에서〉 내용 중 일부, 《학생과학》 1965년 11월호 128쪽

'전 국민 과학화 운동'과 라디오 문화

전 국민의 과학화 운동이 시작된 동기는 일차적으로 정치경제적인 것이었다. 우선 정부의 경제개발 계획이 두 차례의 5개년 계획을 거치면서 공업화 기반을 굳혀갔고, 경제가 중화학공업에 역점을 두는 산업구조로 급속도로 옮겨감에 따라 산업기술개발의 고도화가 요청되는 한편 과학기술인력의 수요도 크게 늘어났다. 1972년은 제3차 경제개발 5개년 계획이 시작되는 해였다. 정부가 같은 해에 발표한 장기인력수급계획(1972-1981)에 의하면 과학기술계의 인력수요는 72년의 55만 1천 명에서 81년에는 237만 7천 명으로 180여만 명이 더 필요했다. 따라서 이공계 대학을 비롯한 전문학교, 실업고등학교의 정비 등 과학기술계 교육훈련에 대한 대대적인 개혁과 투자 이외에도 국민적인 호응이 필요했고 국민운동의 전개가 요구되었다.[89]

또한 정치적으로 1972년은 유신헌법이 선포되고 이른바 유신체제가 시작된 해였다. 박정희는 10월 17일 국회를 해산하고 정당활동을 중지시키는 비상사태를 선포했고, 비상 계엄하에서 유신체제의 틀을 구축하는 작업을 강행했다. 헌법을 대체하는 유신헌법안이 11월 21일 국민투표에서 압도적인 찬성(투표율 91.9%, 찬성 91.5%)으로 채택되었고 새로운 헌법에 의거해서 통일주체국민회의의 대의원 선거가 실시되었다. 이 통일주체

---

89 박익수(집필위원장)외, 『한국과학기술30년사』, 한국과학기술단체총연합회.

그림 34 창경궁 옆 국립어린이과학관에 있는 박정희 친필 표석(필자 촬영)

국민회의는 12월 23일에 임기 6년의 새 대통령을 선출했다. 이로서 박정희는 새롭게 6년의 임기를 보장받아 8대 대통령으로 취임했다.

전 국민 과학화 운동은 박정희가 1973년 연두기자 회견의 형식을 통해서 전 국민의 과학화 운동을 제창하면서 본격화되었다.

우리는 바야흐로 중화학공업 단계에 들어섰다. 나는 정부의 중화학공업 육성에 온갖 힘을 기울일 것을 선언하는 바이다. 또한 전 국민에게 과학화 운동을 전개하자고 아울러 제의한다.

과학기술 없이는 중화학공업 육성은 기대할 수 없다. 모든 경제 목표달성은 전 국민이 범국민적 과학기술개발에 참여할 때 가능하다고 본다.

국민학교 어린이에서부터 대학생 성인 남녀노소 할 것 없이 과학을 습득하고 생활화해야 한다.[90]

최형섭 당시 과학기술처 장관은 전 국민 과학화를 위한 전

---

90 1973년도 연두기자회견(1973년 1월 12일), 『박정희대통령연설문집 제10집』 pp.58-59, 대통령비서실

1부. 라디오를 둘러싼 사회-문화적 맥락

국교육자 대회에서 70년대 과학기술 진흥정책을 "첫째, 과학기술의 기반을 계속 구축하고, 둘째, 전략산업기술의 개발을 적극화하고, 셋째, 과학하는 나라, 기술하는 국민으로서의 과학기술 풍토를 조성하여 나아가는 것"이라고 밝혔다.[91]

이러한 맥락에서 박정희 정권은 '유신 이념=근대화 정신=과학정신'이라는 등식을 정립하면서 그 반대항에 해당하는 미신과 불합리, 비효율을 타파해야 할 대상으로 정식화시켰다.

과학화 운동을 통한 과학정신의 함양은 국민의 생활과 사고를 합리화하고 능률화하며 창조적인 생활기풍을 진작시킨다. 왜냐하면 과학정신의 기조는 합리와 능률과 창조성에 있으므로 생활의 과학화와 사고의 합리화는 생산적이고 능률적인 사회기풍을 조성하기 때문이다. 이와 같은 과학정신은 곧 근대정신이며 근대화를 촉진시키는 사회적 풍토 조성의 원동력이다. 그러므로 합리와 능률과 창조를 바탕으로 하는 과학화 운동은 근면과 자조와 협동을 기본정신으로 하는 새마을운동과 더불어 사회발전을 앞당기는 생활의 합리화운동인 것이다.

우리 사회에 뿌리 깊게 박혀 있는 전근대적이고 비과학적인 생활태도와 사고방식이 일소되고 합리와 능률과 창조에 기반을 둔 과학적이고 생산적인 생활태도와 사고방식을 전 국민이

---

91 최형섭, 1973, "國力培養과 國民의 科學化運動", 전 국민의 과학화를 위한 전국교육자대회 기조연설문

갖게 될 때 우리가 목표로 하는 경제발전과 사회개혁은 이룩될 것이며, 따라서 조국 근대화의 실현도 그만큼 촉진될 수 있는 것이다. 이런 점에서 전 국민의 과학화 운동은 근대화의 도약단계에 들어선 우리에게 절실히 요구되는 시대적 요청이며, 조국 근대화와 민족 중흥을 촉진하고 있는 우리 세대에 맡겨진 역사적 사명이 아닐 수 없다.[92]

당시 박정희 군사정부는 전 국민 과학화를 경제개발 5개년 계획, 새마을운동 등과 중요한 정책적 축으로 삼아서 국민학생부터 노인에 이르기까지 전 국민들을 근대화와 산업화에 동원하는 유례없는 개발동원체제를 구축했다. 개발동원체제는 한편으로 강압과 강제적 동원을 수반하지만, 다른 한편으로 국민들의 자발적 동의를 필요로 한다. 그런 점에서 박정희 정권은 근대화와 과학화라는 강력한 정책 드라이브를 추진하는 과정에서 상당 정도 국민들의 동의를 얻었다. 조희연은 "박정희 정부가 1960년대에 반공주의와 새로운 개발주의를 통해서 '수동적 동의', 부분적으로는 능동적 동의를 확보했다"고 인정했다.[93]

1950년대 말부터 형성되기 시작한 국내의 라디오 문화도 이러한 개발주의에 동의했고, 부분적으로는 적극적 참여를 주장

---

92 문화공보부, 1973, 『全國民의 科學化運動』, 문화공보부 홍보자료(1973. 3. 20), 22쪽
93 조희연, 2010, 같은 책, 23쪽

했다. 앞에서 다룬 《전파과학》과 《학생과학》의 사례는 이러한 적극적 참여에 해당한다. 당시 《전파과학》에 이어 라디오 문화에서 중심적인 역할을 했던 잡지 《라디오와 모형》의 발행인인 김병진은 1980년대 이후에도 전 국민 과학화 운동에 적극적으로 참여하자는 주장을 제기했다.

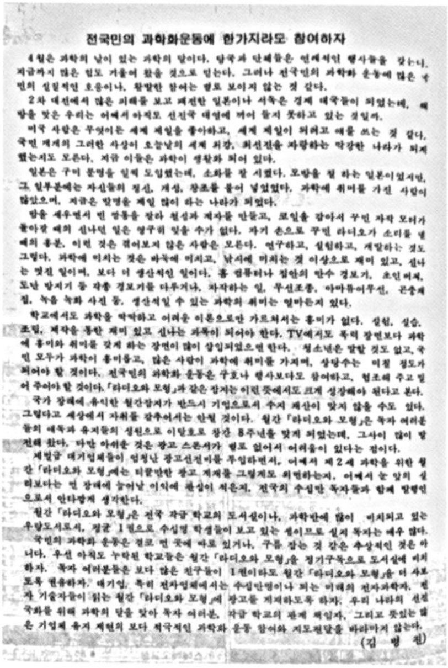
전국민의 과학화운동에 한가지라도 참여하자

4월은 과학의 날이 있는 과학의 달이다. 당국과 단체들은 연례적인 행사들을 갖는다. 지금까지 많은 힘도 기울여 왔을 것으로 믿는다. 그러나 전국민의 과학화 운동에 많은 국민의 실질적인 호응이나, 활발한 참여는 별로 보이지 않는 것 같다.

2차 대전에서 많은 피해를 보고 패전한 일본이나 서독은 경제 대국들이 되었는데, 해방을 맞은 우리는 어째서 아직도 선진국 대열에 끼어 들지 못하고 있는 것일까.

미국 사람은 무엇이든 세계 제일을 좋아하고, 세계 제일이 되려고 애를 쓰는 것 같다. 국민 개개의 그러한 사상이 오늘날의 세계 최강, 최선진을 자랑하는 막강한 나라가 되게 했는지도 모른다. 지금 이들은 과학이 생활화 되어 있다.

일본은 구미 문명을 일찍 도입했는데, 소화를 잘 시켰다. 모방을 잘 하는 일본이었지만, 그 일부분에는 자신들의 정신, 개성, 창조를 불어 넣었었다. 과학에 취미를 가진 사람이 많았으며, 지금은 발명을 제일 많이 하는 나라가 되었다.

밤을 새우면서 빈 깡통을 잘라 섀시와 케이스를 만들고, 코일을 감아서 꾸민 자작 모터가 돌아갈 때의 신나던 일은 영구히 잊을 수가 없다. 자기 손으로 꾸민 라디오가 소리를 낼 때의 흥분, 이런 것은 겪어보지 않은 사람은 모른다. 연구하고, 실험하고, 개발하는 것도 그렇다. 과학에 미치는 것은 바둑에 미치고, 낚시에 미치는 것 이상으로 재미 있고, 신나는 멋진 일이며, 보다 더 생산적인 일이다. 홈 컴퓨터나 집안의 만수 경보기, 초인버저, 도난 방지기 등 각종 경보기를 다루거나, 자작하는 일, 무선조종, 아마추어무선, 곤충채집, 녹음 녹화 사진 등, 생산적일 수 있는 과학의 취미는 얼마든지 있다.

학교에서도 과학을 딱딱하고 어려운 이론으로만 가르쳐서는 흥미가 없다. 실험, 실습, 조립, 제작을 통한 재미 있고 신나는 과학이 되어야 한다. TV에서도 폭력 장면보다 과학에 흥미와 취미를 갖게 하는 장면이 많이 삽입되었으면 한다. 청소년은 말할 것도 없고, 국민 모두가 과학이 흥미롭고, 많은 사람이 과학에 취미를 가지며, 상당수는 미칠 정도가 되어야 할 것이다. 전국민의 과학화 운동은 구호나 행사보다도 참여하고, 협조해 주고 밀어 주어야 할 것이다. 「라디오와 모형」과 같은 잡지는 이런 뜻에서도 크게 성장해야 된다고 본다.

국가 장래에 유익한 월간잡지가 반드시 기업으로서 수지 채산이 맞지 않을 수도 있다. 그렇다고 세상에서 자취를 감추어서는 안될 것이다. 월간 「라디오와 모형」은 독자 여러분들의 애독과 유지들의 성원으로 이달호로 창간 8주년을 맞게 되었는데, 그사이 많이 발전해 왔다. 다만 아쉬운 것은 광고 스폰서가 별로 없어서 어려움이 있다는 점이다.

재벌급 대기업체들이 엄청난 광고선전비를 투입하면서, 어째서 제2세 과학을 위한 월간 「라디오와 모형」에는 티끌만한 광고 게재를 그렇게도 외면하는지, 어째서 눈 앞의 실리보다는 먼 장래에 늘어날 이익에 관심이 적은지, 전국의 수십만 독자들과 함께 발행인으로서 안타깝게 생각한다.

월간 「라디오와 모형」은 전국 각급 학교의 도서실이나, 과학반에 많이 비치되고 있는 우량도서로서, 평균 1권으로 수십명 학생들이 보고 있는 셈이므로 실지 독자는 매우 많다.

국민의 과학화 운동은 결코 먼 곳에 따로 있거나, 구름 잡는 것 같은 추상적인 것은 아니다. 우선 아직도 누락된 학교들은 월간 「라디오와 모형」을 정기구독으로 도서실에 비치하자. 독자 여러분들은 보다 많은 친구들이 1권이라도 월간 「라디오와 모형」을 더 사보도록 권유하자. 대기업, 특히 전자업체에서는 수십만명이나 되는 미래의 전자과학자, 전자 기술자들이 읽는 월간 「라디오와 모형」에 광고를 게재하도록 하자. 우리 나라의 선진국화를 위해 과학의 달을 맞아 독자 여러분, 각급 학교의 관계 책임자, 그리고 뜻있는 많은 기업체 유지 제현의 보다 적극적인 과학화 운동 참여와 지도편달을 바라마지 않는다.

(김 병 진)

그림 35 《라디오와 모형》 1984년 8주년 기념호에 실린 발행인 김병진의 글. (출전; <더 멋진 신세계>)

김병진은 1970년대에 『007 제작집』, 『419회로집』, 『516 회로집』[94] 등을 발간해서 당시 라디오 조립을 취미로 세운상가를 누비던 라디오 보이들에게 큰 영향을 미친 인물이다. 안타깝게도 손영수와 달리 그가 어떤 인물이었는지는 아직까지 구체적인 기록이 남아 있지 않지만, 필자를 비롯해서 당시 까까머리 중고등학생으로 라디오와 앰프, 와이어리스 마이크(라디오를 통해 수신이 가능한 음성 송신기)나 트랜시이버와 같은 무선기기를 조립하는 꿈을 꾸던 사

94 419, 516, 815 등 명칭이 붙은 이유는 특별한 정치적 의미는 없고, 회로집에 포함된 전자회로의 숫자를 역사적으로 중요한 사건들에 붙인 것이었다.

람들에게는 잊을 수 없을 만큼 중요한 기여를 했다. 당시 이런 책들을 통해 라디오 기술에 입문하면서 엔지니어의 길로 들어선 사람들도 많다.

김병진은 1984년 《라디오와 모형》 8주년 기념호에 "전 국민의 과학화 운동에 한 가지라도 참여하자"는 글을 실었다. "청소년은 말할 것도 없고, 국민 모두가 과학이 흥미롭고, 많은 사람이 과학에 취미를 가지며, 상당수는 미칠 정도가 되어야 한다. 전 국민의 과학화 운동은 구호나 행사보다도 참여하고, 협조해주고 밀어주어야 할 것이다. 라디오와 모형 같은 잡지는 이런 뜻에서도 크게 성장해야 된다고 본다 … 국가 장래에 유익한 월간 잡지가 반드시 기업으로서 수지 채산이 맞지 않을 수도 있다, 그렇다고 세상에서 자취를 감추어서는 안 될 것이다."[95] 이 글에서 김병진은 국민 모두가 과학에 흥미를 가지고, "상당수는 미칠 정도가" 될 필요가 있다고 역설한다. 전 국민 과학화 운동은 1970년대 말에 동력을 잃기 시작했고, 1979년 10·26 사태로 박정희가 세상을 떠나면서 사실상 종지부를 찍었다. 따라서 1984년에 김병진이 여전히 전 국민 과학화 운동 참여를 독려했다는 것은 당시 정부의 전 국민 과학화 운동이 라디오 문화 속에 깊이 각인되었음을 보여준다. 또한 김병진은 '국가장래'를 위해서라면 《라디오와 모형》과 같은 유익한 잡지가 설령

---

95 김병진, 1984, 〈전 국민의 과학화 운동에 한가지라도 참여하자〉, 『라디오와 모형』 8주년 기념호

이익을 보지 못하더라도 자취를 감추어서는 안 된다는 소신을 피력했다.

이러한 애국주의는 1959년의 손영수의 《전파과학》 이래 1980년대까지 당시 라디오 기술과 문화 속에서 계속 생명력을 유지한 셈이다.

청소년 과학소설(SF)에 투영된 애국주의

이러한 애국주의는 당시 과학잡지 발행인이나 편집인의 글에서만 나타나는 것이 아니라, 이런 잡지에 기고했던 청소년 과학소설(SF)에도 투영된다. 조계숙은 《학생과학》에 실린 청소년 과학소설을 분석하면서 냉전시기가 최고조에 달했고, 일본과 한국의 갈등이 고조된 시기에 배태된 과학적 애국주의를 지적했다. 그는 《학생과학》에 60년대 말에 연재되었던 서기로의 〈북극성의 증언〉, 신문성의 〈SOS 안드로이드」, 서기로의 〈해류시그마의 비밀〉, 서광운의 〈관제탑을 폭파하라〉 등의 내용을 다음과 같이 분석했다.

UFO를 중공이 보낸 간첩 풍선이 아닐까 추측한 학생(서기로의 「북극성의 증언」, 1965-66), 우리나라 경박사가 외계인의 질병을 고치러 우주로 떠날 때 방해공작을 하는 S연방(신문성, 「SOS 안드로이드」, 1981), 이순신의 과학정신으로 일본 수산학

그림 36 서광운이 《학생과학》에 연재한 〈관제탑을 폭파하라〉, 《학생과학》 1968년 3월호 85쪽

그림 37 오민영의 〈화성호는 어디로〉, 《학생과학》 1968년 3월호 156쪽

자가 못한 일을 해내어 세계에 우리나라를 빛내려는 충무호의 박사들(서기로, 「해류시그마의 비밀」, 1967), 한국이 우수한 과학기술로 러시아와 일본의 군사 충돌을 억제하여 평화를 이루는 주도자가 된다는 내용(서광운, 「관제탑을 폭파하라」, 1968) 등에서 적대적 국가에 대한 생각은 여과 없이 드러난다. 반면 미국과 한국의 우호적인 관계는 오민영의 「화성호는 어디로」 (1967-68)에서 보이듯 한국청소년 강성일과 미국청소년 잭크가 화성탐험에 동행함으로써 실현된다.[96]

당시《학생과학》에 연재되던 과학소설에서 가장 큰 역할을 하는 주인공은 항상 한국의 과학자나 탐험대장이었다. 청소년 들을 대상으로 한 SF 소설 속에서도 일본은 어떻게든 눌러야 하는 대상이지만, 미국과의 관계는 우호적인 동반자 관계로 그려진다. 이것은 식민지 잔재가 제대로 청산되지 않은 상태에서 남아 있는 앙금이었고, 당시 전쟁으로 피폐해진 상황에서 소설에서나마 민족적 자존심을 회복하려는 안간힘이었다. "과도한 애국심이 심리적 기제로 작동한 과학주의는 20세기 들어서 식민지와 전쟁을 겪으면서 수없이 좌절을 경험했던 민족의 한이 청소년 과학소설에 여과 없이 즉각적으로 투영된 결과"인 셈이다.[97]

애국주의와 '과학 열광주의'의 결합

실제로 1960년대 후반 애국주의가 과학에 대한 열광주의와 결합하게 된 중요한 사건은 1969년 7월 아폴로 11호의 달 착륙이었다. 1957년 소련의 스푸트니크 인공위성 발사 성공에서 1969년 미국의 아폴로 11호에 이르기까지 마치 한 편의 드라마처럼 숨 막히게 벌어진 미소 우주 경쟁은 전 세계적으로 우주

---

96 조계숙, 「국가이데올로기와 SF, 한국 청소년 과학소설–《학생과학》지 수록작을 중심으로」, 『대중서사연구』 20권 3호, 431쪽
97 조계숙, 같은 글, 432쪽

개발에 대한 엄청난 대중적 관심, 열광주의를 이끌어냈다. 그러나 일반인들의 소박한 열광주의는 대개 정작 우주에 대해서는 별반 관심이 없는 위정자들에 의해 십분 활용되는 경우가 많았다. 우리나라도 예외는 아니었다.

"달아 달아 밝은 달아, 사람들의 즐거움과 슬픔을 벗삼아 오던 저 달에 인간의 첫발이 닿았습니다. 창세기 이래 인간들 마음 속에 신비를 던져주던 저 달이 천문학의 분야로부터 지질학의 대상으로 담겨져 그 알몸을 드러내게 된 것입니다."

〈대한 늬우스〉 736호(1969년 7월 26일) '사람이 달에 내리다-아폴로 11호 제1신'에서 아나운서는 감격적인 목소리로 아폴로 11호의 달 착륙 소식을 이렇게 전했다. 이 짧은 문장은 당시 우리나라 사람들이 달 착륙에 대해서 느꼈던 감동과 흥분을 고스란히 전해주고 있다. 아나운서는 달 착륙을 "인간 두뇌의 총화이며 온 지구인의 희망을 건 과학의 결정체"라고 설명했다.

그후 불과 몇 개월 지나지 않은 11월 아폴로 11호의 세 우주인과 그 부인들이 우리나라를 찾았다. 당시 시청 앞에서는 모형 아폴로우주선과 우주인들의 거리 퍼레이드가 있었고, 수천 명의 시민들이 연도에서 환호성을 울렸다. 영접에 나선 신범식 당시 문화공보부 장관은 환영사에서 "불과 10년만에 달 정복이라는 초인적인 성공을 거둔 것은 인간능력의 일대 승리"라고 찬양

했고, 암스트롱은 답사에서 "달 착륙 성공은 인간의 지식을 우주에 넓히려는 모든 나라의 노력의 결과이며 달 착륙이라는 기술적 성공은 지구상의 평화와 진보의 문제를 해결하는 데 있어 희망이 되어야 한다"고 말했다.

그림 38 우주인을 접견하는 박정희 전 대통령

우주인 일행은 청와대로 박정희 대통령을 예방했고, 박정희는 국민훈장 무궁화 훈장을 수여했다. 여담이지만, 박 대통령은 당시 우주

그림 39 우주인들의 시내 퍼레이드 장면

인들에게 "[달 표면에]첫발을 딛기 전에 몇 번씩 구른 이유가 무엇인가"라고 물었고 우주인들은 "달 표면에 먼지가 많아 표면이 얼마나 단단한지 확인하기 위한 것이었다"고 답하기도 했다.[98]

1960년대에 중요한 공보수단이었고, 영화관에 가면 본 영화가 상영되기 전에 애국가와 함께 늘 먼저 방영되었던 〈대한 늬우스〉는 아폴로계획 이전의 제미니 계획부터 아폴로 7호, 11호

---

98 '미 우주인 내한', 〈대한뉴스〉 750호(1969년 11월 8일)

등 미국의 우주개발을 여러 차례 다루었다. 이것은 당시 박정희 정부가 인류의 달 착륙이라는 역사적 쾌거를 계기로 국내에서 과학에 대한 열광을 불러일으키려는 의도였다.

당시 《학생과학》 같은 과학 잡지는 물론 그밖의 소년소녀 잡지들도 2000년이 되면 인류가 달은 물론 태양계 전체에 퍼져나가 살고 있고, 태양계를 벗어난 바깥 우주까지 우리의 안마당이 될 것이라는 미래 예측을 단골 메뉴로 삼았다.

2
부

라디오 자작 문화,
'장사동 키드'와
'라디오 보이'의 탄생

전쟁으로 피폐해진 1950년대 말엽 금성사에서 출시된 A-501 라디오는 국산 1호 라디오라는 명성을 얻었고, 당시 언론은 "우리도 라디오를 만들 수 있다"는 자부심으로 들떴다. 출시 직후에는 일제 라디오와 미군부대에서 흘러나온 면세품에 밀려 한때 위기를 맞이하기도 했지만, 5·16 쿠데타 이후 박정희가 체제 정당화와 정부 시책 홍보를 위한 수단으로 농어촌 라디오 보내기 운동을 대대적으로 벌이면서 금성라디오는 부흥기를 맞이했다. 우리나라의 라디오 역사는 이처럼 역사적, 사회적 맥락과 분리하기 힘들었다. 사실상 '국산 1호'라는 정의도 당시 청계천에서 조립되던 다른 라디오들에 비해 국산 비율이 조금 더 높았다는 차이밖에는 없었다는 점을 고려하면 금성사를 이후 전자산업의 파트너로 점찍었던 박정희 군사정부가 요구했던 '국산' 개념의 수사적 표현이라고 할 수 있다.

이처럼 초기 라디오가 공보수단으로 적극 활용된 것은 사실이지만, 라디오는 단지 그런 역할에 그치지 않았고 1950년대 전시에서부터 라디오를 스스로 조립하려는 자작(自作) 문화를 꽃피웠다. 서울의 장사동에서부터 전쟁통이었던 피난지 부산의 광복동까지 젊은 학생들은 일제 폐품 무전기와 미군 부대에서 흘러나온 미제 부품들을 이용해서 무선 수신기를 만들었다.

전쟁 직후 전자 부품업체들이 집결한 서울 장사동 거리를 누비던 초기 '장사동 키드'부터 1969년 설립된 세운상가를 중심으로 활동했던 2기 '라디오 보이'에 이르기까지 우리나라의 라디오 조립 문화는 다른 나라에 결코 뒤지지 않을 만큼 활발하게 이루어졌고, 그 사회적 및 문화적 함의가 컸다.

우리나라 조립 문화의 특징은 외국의 자작 문화가 순수한 취미활동으로 즐기기 위한 것이었던데 비해 애국주의의 모습을 한 국가주의와 실용주의를 깊이 내장(內藏)하고 있었다는 점이었다. 이것은 해방 직후 암울한 경제 상황에서 "기술만이 살길이다"는 구호를 제기하면서 전파과학사를 세운 손영수 회장에서부터 5·16 쿠데타 이후 '기술입국'을 외치면서 '경제개발 5개년 계획'과 '전 국민 과학화 운동'을 펼쳤던 박정희 군사정권까지 일관된 흐름을 이루었다. 장사동 키드와 라디오 보이들은 모두, 정도의 차이는 있지만, 자신들의 기술 연마가 곧 나라의 장래에 도움이 되는 길이라는 데 동의했다. 또한 대부분의 라디오 조립은 비싼 기성품을 사기 힘든 라디오 보이들이 광석 라디오에서 앰프에 이르기까지 실제 방송을 듣거나 생활에서 활용할 수 있는 실용적 장치들을 그 대상으로 삼았다. 따라서 우리의 자작 문화에는 애국주의와 실용성이 깊이 배태되어 있었던 셈이다.

다른 한편 자작 문화는 한국전쟁에서 경제부흥기인 1970년 대와 1980년대에 이르기까지 우리 문화에서 중요한 한 부분을 차지하고 있다. 당시 라디오 보이로 불릴 만큼 적극적인 활동을 한 사람들은 물론, 그렇지 않은 사람들에게도 광석 라디오, 아마추어 무선, 라디오 조립 키트, 고무줄로 커다란 배터리에 결박된 트랜지스터, 세운상가의 전자부품 상가 등은 '공유된 기억'으로 남아 있다.

2부는 우리나라의 라디오 조립 문화를 자작 문화의 관점에서 분석해보려는 작은 시도이다. 아직까지 이와 연관된 선행 연구들이 극히 적기 때문에 자료의 제약이 따르지만, 자작 문화가 당시 라디오 보이 세대의 정체성 형성에 미친 영향을 살펴보려는 시도라고 할 수 있다.

2부에서는 먼저 공보수단으로 활용하기 위해 농촌 라디오 보내기 운동을 펼쳤던 이승만과 박정희 정부의 의도에 그치지 않고 라디오기술이 다양한 방식으로 재구성되는 과정을 살펴본다. 5장에서는 1기 자작 문화를 이끌어낸 주역이라고 할 수 있는 '장사동 키드'를 분석한다. 이 시기는 자작 문화의 토대를 닦고, 이후 세대에게 그 특성을 물려준 발생기적 기간이었는데,

해방과 전쟁을 직접 겪은 세대이기 때문에 애국주의적 경향이 강하고 실용성에 대한 추구도 훨씬 두드러졌다. 반면 새로운 문물을 처음 경험할 수 있을 만큼 경제적으로 비교적 여유가 있고 외국 유학을 할 만큼 사회적으로 상층부에 속한 인물들이 많았다. 그들 중에는 후일 과기부 장관이나 교수, 대기업 임원 등을 역임하면서 전자산업과 정부 정책을 주도했던 인물들도 다수 있었다.

2기는 전자 부품 산업이 형성되고 세운상가가 건립되어 안정적인 부품 공급이 가능해지고《학생과학》이나《라디오와 모형》같은 중요한 잡지들과 회로집들이 발간되어 초보적인 전자공학에 대한 설명과 회로도가 공급되었고, 합동과학사와 아카데미과학 등 과학교재사들이 전자 키트를 양산하면서 1기에 비해 대중적 기반이 크게 확장된 시기였다. 애국주의는 이 시기에도 여전히 강했지만, 실용성에 대한 강조는 훨씬 낮아졌다. 따라서 라디오와 같은 실용적 전자기기뿐 아니라 취미생활을 위한 일렉트로닉스 제품, 그리고 무선조종(R/C) 엔진 비행기와 같은 고가의 조립 제품들도 나타나게 되었다.

4장

라디오 기술의 재구성

    금성사 A-501 라디오가 등장한 이후 1960년대에 라디오가 공보수단으로 활용되면서 그 보급이 확대된 것은 사실이지만, 라디오는 사회문화적으로 그보다 훨씬 심대한 영향을 미쳤으며 라디오 기술에 대한 해석은 군사정부의 의도와는 다른 방향으로 풍부하게 '해석'되었다. 기술이 처음에 의도되었던 용도와 달리 등장한 이후 다양한 사회 집단들에 의해 다른 방향으로 활용되고, 당초의 의도와 다른 방향으로 개발되어서 재구성(reconstruction)되어 기술 자체에 대한 정의가 바뀌는 예는 많다. 앞에서 예로 들었던 자전거의 사회적 구성 과정에서 공기 타이어가 자전거에 도입되는 과정이 그 좋은 사례에 해당한다.

    공기 타이어는 영국의 존 보이드 던롭(John Boyd Dunlop)에 의해 1888년에 처음 개발되었다. 처음에 공기 타이어는 작은 바퀴를 가진 차량의 진동 문제를 해결하기 위한 수단으로 개발되었다. 던롭이 받은 영국 특허의 내용은 "자전거, 세발 자전거, 그밖의 차량에 쓰이는 바퀴의 타이어에 대한 개량"[99]이었고, 그는 "[공기 타이어가] 바퀴 달린 차량이 거친 도로를 통과할 때 필요한 장치를 제공할 목적으로 고안되었다"고 말했다. 일설에 의하면 수의사였던 던롭이 아들이 타던 자전거가 진동이 심해서 타이어에 공기를 넣는 착상을 하게 되었다고 한다. 그러나 초기의 자전거 타이어는 지금과 달리 품질이 조악하고 자주 터졌고, 외양이 좋지 않고 진흙길에서 잘 미끄러지는 특성 때문에 오히려 안전에 문제가 있는 것으로 여겨졌다. 진동을 억제하는 해결책은 공기 타이어가 아니라 다양한 스프링을 장착한 차체, 안장, 조향 핸들 등으로 그 방향을 잡았고, 실제로 이른바 뼈까지 흔들린다(boneshaker)는 별명을 가진 초기 자전거의 진동 문제를 상당한 정도까지 해결할 수 있었다. 자전거에 공기 타이어가 도입된 중요한 사건은 자전거 경주 대회에서 공기 타이어를 장착한 자전거가 빠른 속도로 달려 우승한 것이었다.

공기 타이어가 던롭의 애초 의도였던 진동 해결이 아니라 빠른 속도라는 다른 용도로 해석되어서 자전거에 이용된 것은, 기

---

99 Dunlop, 1888, "An Improvement in tyres of wheels for bicycles, tricycles or other road cars" British Patent 10607, 위비 바이커 외, 송성수 편저, 1999, 『과학기술은 사회적으로 어떻게 구성되는가』, 71쪽에서 재인용

2부. 라디오 자작 문화, '장사동 키드'와 '라디오 보이'의 탄생

술의 사회적 구성론(SCOT)의 주장처럼, 기술에 대한 해석이 다양할 수 있다는 기술의 '해석적 유연성(interpretative flexibility)'을 잘 보여준다.

이러한 해석적 유연성과 라디오 기술의 재구성과 재정의는 1960년대 군사 정권의 정당화와 정부 정책의 홍보를 위해 주로 농촌 지역에 설치했던 유선방송과 앰프촌에서도 활발하게 이루어졌으며, 기술 그 자체도 라디오 자작 문화를 통해 능동적으로 재구성되었다.

농촌의 '라디오 소년'과 유선방송의 재구성

앞서 살펴보았듯이 1950년대와 1960년대는 '도시는 무선 라디오, 농촌은 유선방송'의 공식이 대체로 맞아떨어진 시기였다. 농촌에서 도시처럼 부품을 구해 직접 라디오롤 조립해서 라디오 방송을 듣거나 아마추어 무선을 즐기기는 어려웠다. 그렇지만 전기도 들어오지 않는 농촌에서 교류용 라디오를 전지식으로 개조하고, 스피커를 설치해 자기 집에서 방송을 들을 수 있게 하는 '자작 유선방송'이 활발하게 이루어졌다. 이러한 유선방송 붐의 중심에 라디오 소년이 있었다.《전파과학》1961년 3월호에는 "농촌의 귀염둥이, 유선방송은 이렇게 되어 있다"라는 특집기사가 실렸다.

경상남도의 어느 한촌(寒村)에는 전기도 오지 않으므로 라디오를 들을 수가 없었습니다. 물론 전화도 없으며 병자라도 생기면 그야말로 10리나 20리나 되는 읍에 있는 의사를 다리러 가지 않으면 안되었습니다… . 그런데 이런 부락에 어린 라디오 소년이 있어 낡은 교류식 수신기를 구해다가 진공관을 전지용으로 바꾸어서 전지식으로 개조했습니다. 그리고 그곳에서는 생각지도 않았던 라디오라는 것을 처음으로 듣기 시작하였습니다.[100]

처음에는 라디오 소년의 집에서 마을 사람들이 모여 함께 라디오를 들었지만, 넓은 오지에 10호나 되는 인가가 흩어져 있어서 불편했던 나머지 한 주민이 자기 집에 앉아서도 라디오를 들을 수 없겠냐는 요청을 라디오 소년에게 하였다. 그러자 이 라디오 소년은 읍에 나가 전선을 구해 옆집까지 끌었고, 거기에 스피커만 붙여서 두 집이 라디오를 들을 수 있게 되었다. 그러자 마을 사람들이 너도 나도 자기 집에서 라디오를 들을 수 있게 해달라고 부탁했고, 결국 라디오 소년은 전주를 세우고 사기로 만든 애자를 붙이면서 10호가 넘는 집에 스피커를 가설했고 소리 크기를 조절할 수 있는 볼륨까지 달아주었다.

그런데 라디오 소년은 집집마다 설치한 스피커가 라디오 방

---

100 편집부, 1961, "특집 유선방송의 이모저모, 농촌의 귀염둥이 유선방송은 이렇게 되어 있다",《전파과학》1961년 3월호, 전파과학사, 5-9쪽

송 중계 이상의 용도가 있다는 것을 발견하게 되었다. "라디오 수신기 픽업 단자에 마그네틱 스피커를 잇고 … 하아모니카를 불기 시작하자" 그 소리가 그대로 방송이 되었던 것이다. 그 후 라디오 소년은 "크리스탈 마이크를 구해다 라디오 수신기에 스위치로 이 마이크를 연결할 수 있게 만들어서" 급한 일이 생겼을 때 부락민에게 알리고, 일정한 시간을 정해서 라디오 중계를 끊고 부락민들끼리 서로 이야기할 수 있는 시간을 정했다. 그것은 "스피이커 곁에 가서 큰 소리로 이야기를 하면 딴집 스피이커로부터 작은 소리로 들린다는 것을 라디오 소년이 발견한 후부터"였다.

그 후 소문이 퍼지면서 농업협동조합의 도움을 얻어 라디오 소년의 소박한 장치는 본격적인 읍(邑) 유선방송국으로 발전했고, 소년은 읍 유선방송국 기사로 취직하게 되었다. 이 유선방송국은 단지 라디오 방송을 중계하는 수동적인 역할에 멈추지 않고 1. 라디오 중계 2. 공지 사항 전달 3. 가요곡 틀어주기 등 문화적 기능 4. 주민들 사이의 통화 등의 복합적인 기능을 가졌다.

주간에는 가요곡을 보내주었습니다. 또 어떤 시간을 통화의 시간으로 정하고 각 부락계통으로 전화의 송화기를 들고 서로 불러서 이야기하도록 해 주기도 했습니다. 이것은 그 회선에 있는 사람들끼리는 유선방송국의 폐를 끼치지 않고 서로 호출해서 이야기할 수 있지만, 다른 회선일 경우에는 방송국이 일일이 이것을 교환해주기도 하고 또 호출하고 있는 것을 모를 때에는 마이크와 암프를 써서 호출하여 주기도 했습니다.

기사에 따르면 당시 전국에 유선방송은 600여 개소나 되지만 주민들 사이의 통신수단으로도 사용할 수 있게 한 곳은 별로 없다고 한다. 따라서 라디오 소년처럼 개조를 해서 사용한 경우가 일반적이지는 않았던 것으로 보인다.

서울을 비롯한 대도시 지역의 유선방송의 재구성

농촌 지역에서 유선방송이 붐을 이루게 되자 농촌뿐 아니라 대도시 지역에까지 확산하게 되었다. 일종의 역주행인 셈이었다. 처음에 국민 계몽과 체제 선전, 정부 시책의 홍보와 지지 확산을 위해 "우리나라의 현명한(?) 인사들에 의해 몇 년 전부터 각 지방 특히 농촌을 중점으로 실시해왔었던" 유선방송 사업이 수도인 서울만 해도 20여 개 업체가 주로 자기 주거지를 중심으로 큰 인기를 누렸다. 이른바 역주행을 하게 된 것이다.

그렇다면 서울과 같은 대도시에서 유선방송이 붐을 일으킨 원인은 무엇일까? 정민은 《전파과학》의 특집 기사에서 도시에서도 라디오 수신기를 마련하지 못한 가정이 적지 않고, 전기사정이 악화되어 수신기가 있어도 듣지 못하는 경우가 많기 때문이라고 그 원인을 제시했다. 그러나 대도시 유선방송에는 전지식 라디오를 갖고 있는 사람도 적지 않게 가입되어 있었다. 그 점에 대해서는 이렇게 설명했다. "가입자의 대부분은 가정부인이며 희망하는 프로는 대부분이 가요곡 아니면 국악같은 것이라고 한다. 이와 같은 것으로 미루어보아 대개가 하류 내지 중류의 일부에게 환영을 받고 있다는 것을 알 수 있다."[101] 정민의 분석에 따르면 대도시 지역이라고 해서 모두가 전지식 라디오를 가지고 있는 것이 아니며, 라디오가 없거나 전력 사정[102]으로 라디오를 들을 수 없는 중류나 하류 계층의 사람들, 특히 가정주부들 사이에서 유선방송에 대한 수요가 높았다는 것이다. 기술사회학에서 이야기하는 계층과 젠더에 따른 유선방송 기술의 사회적 구성(social construction)이 활발하게 이루어졌고, 여러 사회 집단들이 유선방송 기술을 재해석하면서 처음에는 생각하지 못한 새로운 수요를 창출한 셈이다. 따라서 "대도시는 무선 라디오, 농촌은 유선방송"이라는 일방적인 구분은 이 경우에 맞지 않는 셈이다.

경기도 지방에서 유선방송 보급이 가장 활발한 의정부 읍(邑)은 주위를 미군부대가 둘러싸고 있어서 유복한 편이고 전

---

101 정민, 1961, "유선방송의 개관, 유선방송을 운영하고 있는 사람, 또는 운영하려는 사람을 위한 지침…",《전파과학》1961년 3월호, 8쪽

102 당시 전력 사정이 좋지 않아서 정전이 잦고 전압이 낮아지는 현상이 많았지만, 일부 상류층에게는 이른바 일반 전력선이 아닌 특선(特線)이 설치되었다. 강기동은 회고록에서 "우리 집에 들어오는 전기는 특선(무정전)이었다. 관청이나 고관 집이면 특선을 끌어주었다"라고 쓰고 있다. 강기동, 2018,『강기동과 한국 반도체』아모르문디, 42쪽

기사정도 비교적 좋은데도 유선방송 업체가 두 군데나 있었고, 인구가 3만여에 불과한데 가입자가 2,000명으로 사실상 거의 전 주민을 흡수하고 있었다. 둘 중 한 업체인 양주문화사(楊洲文化社)는 "120와트 출력의 암프 1대로 아침 5시부터 밤 11시 20분까지를 쉬지않고" 방송을 하고 있었는데 방송 프로그램은 다음과 같다.[103]

양주문화사의 방송 프로그램	
05.00	방송개시
05.00-14.00	KBS 중계
14.00-15.30	하오음악
15.30-16.00	희망음악 교습시간
16.00-18.15	KBS 중계
18.15-18.25	연속낭독
18.25-21.30	KBS 중계
21.20-22.00	YMCA 음악실
22.00-23.20	KBS 중계
23.20	방송종료[104]

의정부 양주문화사의 프로그램에서 볼 수 있듯이, KBS 방송 중계 시간은 하루 4차례 총 15시간 20분으로 가장 큰 비중이었고, 중간에 '하오 음악, 희망음악 교습시간, 연속 낭독, YMCA 음악실' 등 다채로운 프로그램을 편성해서 청취자를 확대하려

103 정민, 같은 글, 9쪽
104 "의정부 읍의 유선방송프로그램". 정민, 같은 글, 9쪽

고 노력했다. 민간 업자들이 개설한 유선방송은 유료로 가입료와 월 청취료가 있었다. 서울 전농동의 전농(典農)소리사의 경우 가입당시 3,000환을 징수하고, 매달 600환을 청취료로 징수했다. 당시 대학 졸업한 사원의 월급이 6,000환이었으니 대도시의 유선방송 가입비와 청취료는 결코 작지 않은 돈이었다. 그러나 금성사 A-501 라디오의 가격이 2만 환 가량인데 비하면 훨씬 적은 비용이었다.

당시 유선방송의 인기가 높아지자 많은 사업자들이 적극적으로 이 분야에 뛰어들었고, 이러한 붐이 형성되자《전파과학》도 부랴부랴 원래 기획을 바꾸어 유선방송 특집을 내놓을 수밖에 없었다.《전파과학》지는 편집후기에서 그 사정을 이렇게 썼다. "은근히 유선(有線放送) 부움이 일어났다. 전국각지 모두 약 600개소나 있다는 이 유선방송은 대단한 인기 속에서 자꾸자꾸 자라난다고 하니 기뻐해야 할지 … 어느 도시에서는 스튜디오까지 마련해놓고 본격적으로 자기들이 꾸며낸 프로로 야금야금 청취자를 증가시키고 있다는 소식이니 이쯤이면 관영(官營)방송이 무색해질 지경 … 이달에는 전축의 제작을 특집으로 할 예정이었으나 이것도 유방(有放) 부움의 모진 바람 때문에 다음 달로 미룰 수밖에 없게 되었습니다."[105]

---

[105] 편집후기《전파과학》1961년 3월호, 90쪽

앰프촌의 재구성 – '쓰쓰돈 돈쓰…'

전기가 들어오지 않는 벽촌에서 정부에 의해 도입된 스피커 시스템, 즉 앰프촌이 다른 용도로 활용된 예는 도시 지역의 다채로운 프로그램을 통한 유선방송의 재해석과 사뭇 다른 방식으로 이어졌다. 그것은 농촌에서 전기를 얻을 수 있는 유일한 수단인 자전거 발전기를 통한 모스 통신이었다.

앞에서 예로 들었던 박흥용의 장편 만화『쓰쓰돈 돈쓰 돈돈 돈쓰 돈돈쓰』는 마을 사람들이 집집마다 설치된 스피커와 유선방송 시스템을 일방적인 라디오 중계장치로 만족하지 않고, 자전거의 발전기와 삐삐선(통신선)을 결합시켜서 멀리 떨어진 집들 사이의 통신 수단으로 활용한 예를, 비록 허구적인 설정을 빌었지만, 상세하게 소개하고 있다.

자전거 발전기는 최대 6볼트의 전기를 낼 수 있는데, 이 발전기에서 선을 뽑아 온 동네에 거미줄같이 연결된 삐삐선에 잇고 발전을 하면 주변의 가까운 동네 스삐꾸들은 일제히 귀뚜라미 소리 닮은 발진음을 냅니다. "오호라! 집집마다 이어진 스삐꾸 선을 네트워크 삼아 발진음으로 모스 신호를 만들어 서로 교신을 하고 있었네요."[106]

---

106 박흥용, 같은 책, 본문 중에서

그림 40 자전거 발전기와 스피커 네트워크를 이용한 모스 부호 통신을 그린 장면. 박흥용, 『쓰쓰돈 돈쓰 돈돈돈쓰 돈돈쓰』(2008) 중에서

《전파과학》의 유선방송 특집 기사 중에서 눈에 띄는 부분으로 유선방송 운영 중에서 생기는 문제점을 이렇게 표현했다. "가장 애로가 되는 점은 각 가정에 가설된 선으로 장난을 하여 쇼오트내지는 지기(地氣)를 일으켜서 수리공들을 괴롭힌다는 점이다."[107] 이 글만으로는 '장난'의 상세한 내용을 알 수 없지만, 당시 마을에 설치된 삐삐선이라 불리던 스피커 통신선이 인공물이 적던 농촌지역에서는 신기한 대상이었고, 혈기왕성

---

107 정민, 같은 글, 9쪽

한 청소년이나 전기에 관심이 있는 사람들이 이 통신선과 스피커를 이용할 방도를 여러모로 궁리했을 것임은 쉽게 추측할 수 있다. 그런 면에서 박흥용의 작품은 단순한 허구가 아니라 60년대 말엽 스피커가 설치되었던 앰프촌 상황의 하나의 스냅샷을 보여준 것이라고 할 수 있다.

라디오 '청취 양식'의 다양화

음성의 무선 통신 기술을 기반으로 라디오 방송의 착상을 가장 먼저 한 사람 중 한 명은 드 포리스트(De Porest)였다. 그는 3극 진공관을 발명해서 무선 통신의 가능성을 열었던 사람이었다. 1906년에서 1907년경 드 포리스트는 무선전신회사를 설립했지만 사업에 실패하자 오페라 하우스를 자주 찾았는데, 경제적인 상황이 좋지 못해서 맨 뒷자리에서 잘 들리지 않는 소리로 만족할 수밖에 없었다. 그는 이 경험을 통해 비싼 좌석을 사서 오페라에 직접 가지 않더라도 사람들이 음악을 즐길 수 있는 방법이 무엇일지 생각하게 되었다. 그는 처음에 무선 수신장치를 구입한 사람들에게 음악을 듣게 해주는 방안으로 라디오 방송을 구상했다.[108]

그후 드 포리스트는 파리에 건너가 에펠탑에서 방송을 실험

---

108 요시미 순야, 2006, 『미디어 문화론』 커뮤니케이션북스, 138-139쪽

했고, 그 결과 550마일이나 떨어진 마르세유에서도 수신이 가능하다는 것을 입증했다. 에펠탑을 송신 장소로 활용한 것은 라디오 방송의 가능성을 극대화시키려는 그의 연출이었다. 미국으로 돌아가자 많은 투자가가 그에게 모여들었다. 아쉽게도 그가 시작한 방송 사업과 음악 라디오 회사는 충분한 음질을 얻지 못하고 경영도 부실해서 도산했지만, 그의 실험은 단지 라디오 방송을 실험한 데 그치지 않고 음악을 듣는 방식, 즉 새로운 음악 '청취 양식'을 실험한 셈이었다.

고대에서부터 음악은 디오니소스적 축제의 일환으로 많은 사람들이 한데 모여서 축제를 벌이며 즐기는 형태였다. 그러나 무선전신의 발명으로 새로운 커뮤니케이션 수단이 등장하면서, 음악을 즐기는 방식에서 큰 변화가 일어났다. 유선 전화와 무선전신이 커뮤니케이션의 사유화(privatization)를 초래했고, 라디오 방송과 음악 청취도 차츰 집단 청취에서 개별화된 청취로 변화하는 양상을 띠었다.

무선전신 기술이 처음 등장한 이후 자체적으로 라디오 방송으로 발전해나간 서구에서는 라디오 청취방식이 초기에 개별적이고 남성 중심적 청취양식에서 나중에 스피커를 갖춘 라디오의 출현으로 공동 청취 양식으로 발전하게 된 측면이 있다. "1920년대 초 어느 날 밤, 미국 전역 특히 북동부나 중서부 지역의 소년들과 성인남자들, 그리고 (이들보다는 적은 숫자이지만) 상당수의 소녀들과 성인 여자들은 몇 개의 배터리로 작동하는

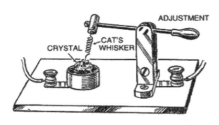

그림 41 고양이 수염 전극 광석 라디오의 모습.

그림 42 헤드폰이 달린 광석 라디오

작은 검은색 상자의 배꼽에 줄을 꽂아 헤드폰을 자신들의 귀에 연결했다. 이들은 문화적 혁명, 즉 라디오 청취의 시대를 선고하고 있었다. 이들은 기다란 광석 막대에 감긴 가느다란 철선을 공들여 움직여 가면서 가까이서나 멀리서, 사람들의 말소리와 음악, 잡음 등이 어수선하게 뒤섞여 나오는 것을 들었다."[109]

초기에 라디오는 대개 부품을 모아 스스로 만드는 자작품이었고, '광석(鑛石) 라디오'라 불리는 간단한 검파(檢波) 수신 장치였다. 우리나라에서도 광석 라디오는 라디오 문화에서 1960년대부터 하나의 세대를 형성했지만, 유럽과 미국에서 처음 등장한 광석 라디오는 자연 방연광(方鉛鑛)에 '고양이 수염 전극 (cat's whisker)'이라고 불리는 가느다란 철선을 접촉시켜서 방송을 찾는 방식으로 수신했다. 청취 방식은 검파기를 통해 잡은 신호를 크리스탈 헤드폰으로 듣는 방식이었다. 그 후 '라빠'라

---

109 수전 더글러스, "초창기 라디오", 데이비드 크롤리, 폴 하이어 편저, 『인간커뮤니케이션의 역사 2』, 커뮤니케이션북스, 635쪽

불리는 나팔 모양의 확성기
(horn speaker)가 나오면서 여
러 사람이 함께 들을 수 있게
되었다.

그림 43 라빠라 불리는 나팔형 확성기(horn
━━━━ speaker)가 달린 1926년 제니스 라디오.
Alfred Balk, The Rise of Radio, p.72

반면, 우리나라의 경우 라
디오 청취는 처음부터 '집단
청취' 방식으로 이루어졌다.
마동훈은 광활면 화양마을 주
민들의 1920년대에서 1960년
까지의 라디오 청취 양식을 민
속지학적 접근방식으로 연구
했다. 박정희는 당시 농촌 마
을의 학교 등 기관과 유지, 국
가보훈자를 중심으로 라디오

를 보급했고, 화양마을에 보급된 세 대의 라디오 중 두 대는 마
을 내의 공동 청취로 활용되었다. "하나는 함께 보급된 학교 앰
프시설을 통해 마을 전체의 사회적 매체로 활용되었고, 또 하나
는 개인의 사랑방에서 30대 청년들 중심의 사회적 매체로 활용
되었다." KBS1을 공동으로 청취했던 제보자들이 회상해낸 주요
애청취 프로그램은 〈농어촌의 아침〉, 〈농가방송(아침 종합프로
그램)〉, 〈라디오 게임〉(퀴즈), 〈명랑초대석(토크쇼 형식의 종합 프
로그램)〉, 〈국군의 시간(군 홍보 프로그램)〉, 〈추억의 멜로디〉, 〈가

요 콩쿠르〉 등이었다. 마을 주민들은 오락 프로그램과 음악 프로그램 등을 즐겨 들었고, 한 주민은 라디오의 역할을 긍정적으로 평가했다. "박정희 정권 초기에 라디오가 참 잘한 일이 많은 것 같다. 아마 마을 사람들 모두 같은 생각일 것이다. 당시는 겨울밤에는 허구헌 날 모여서 마작을 했는데 … 방송에서 마작, 투기하지 말라고 맨날 그러고 나서 많이 줄어들었다." 다른 한편, 제보자들은 대부분 1960년대 대통령 선거, 총선 개표보도, 무장 공비와 간첩 관련 보도 등을 기억했다. 마동훈은 "당시 역사적 공간적 상황들에 비추어 볼 때, 이 마을 사람들이 마을 혹은 가정의 유일한 매체인 라디오의 지속적인 국가관 주입 공세로부터 자유로웠다고 볼 수 있는 근거는 별로 없어 보인다"라고 지적했다.[110]

공보부는 1960년대에 농촌 지역에 라디오와 앰프를 보내면서, 동시에 '농가방송토론 그룹' 운동을 추진했다. 단순히 라디오와 앰프를 보급하고 그 활용방식을 주민들에게 맡겨두는 방식이 아니라 공보효과를 철저히 하기 위해서 특정 주제를 신문과 라디오를 통해 설명하면서 집단으로 읽고 서로 토론하는 그룹을 국가가 나서서 조직한 것이다. 그룹 회원에게 사전에 예비지식을 갖추게 하기 위해 공보부는 방송이 나가기 1주일 전에 무료 배포된 주간신문인 《주간 세미나》에 특집 기사로 실어서

---

110 마동훈, 2004, 「초기 라디오와 근대적 일상: 한 농촌지역에서의 민속지학적 연구」, 『언론과 사회』, 77-79쪽

농민들이 정부가 원하는 주제를 놓고 효과적으로 토론을 할 수 있도록 철저히 준비했다.[111] 1960년에 공보부가 주도했던 '농가 방송토론 그룹'은 고도화된 집단 청취 양식이었다.

이처럼 집단 청취 양식이 널리 퍼졌고, 그 효율성이 날로 고도화되었지만 농촌과 도시 모두에서 주민들은 단지 정부의 의도대로만 움직이지 않았고, 스스로 적극적으로 라디오를 중요한 정보원이자 문화적 공간, 그리고 자체적인 소통수단으로 재구성해냈다.

라디오의 농촌 보급은 사회문화적 측면에서 1958년에서 1969년까지 기간에 한국의 농촌사회를 변화시킨 가장 중요한 요소였다. 이만갑은 농촌 지역에서 사람들이 정보를 얻는 원천, 즉 정보원(情報源)의 변화 추이를 조사했고, 1958년 라디오가 전체 조사가구 336가구 중에서 50가구, 14.9%에서 1969년에는 전체 조사 대상 347가구 중에서 250가구, 72%로 껑충 뛰었다는 것을 보여주었다.[112]

또한 1960년대 KBS 이외에 민간 라디오 방송들이 속속 개국하면서, 라디오 방송에 대한 대중들의 욕구 또한 다양하게 분출되었다. 당시 1960년대에서 1970년대까지 공보부가 수행한 조사에 의하면 대중들이 선호하는 7대 라디오 프로그램의 순위는

---

111 윤상길, 같은 글, 231-233쪽
112 이만갑, 1973, 『한국농촌사회의 구조와 변화』, 320쪽, 김영희, 2003, "한국의 라디오 시기의 라디오 수용현상", 『한국언론학보』 47(1), 152쪽에서 재인용

1962년에 음악(22.0), 뉴우스(17.4), 방송극(13.6), 농어촌시간(6.9), 일기예보(9.7), 주부시간(7.3), 교양(5.8)에서 1973년에는 뉴우스(16.2), 생활교양 및 정보(13.0), 연속방송극(12.4), 사회문제 토론 좌담(10.3), 새마을방송 농사지식(9.5), 스포츠중계(6.5), 시사해설 논평(6.4)으로 다양해지는 것을 볼 수 있다. 이것은 당시 "라디오가 정보제공, 교양, 오락 등 여러 기능에 활용"되고 있으며, "당시 라디오 청취자들이 적극적이고 능동적으로 자신이 필요한 욕구를 충족시키기 위해 라디오를 접촉하는 수용자들이었음"을 보여주었다.[113]

　　앞에서 예로 든 1960년대 우리나라의 농촌과 도시에서 활성화된 유선 라디오와 앰프촌의 사례도 방송 공급자들의 의도와 달리 라디오 수신자들이 새로운 라디오 방송 청취와 음악 청취 양식을 창출해서 라디오 기술을 재구성하고 라디오의 의미 자체를 재정의하는 과정으로 볼 수 있다. 이 과정에서 나타난 특징은 기술 발달로 인한 커뮤니케이션의 개별화와 사유화 과정과는 또 다른 양상을 띠었으며, 군사정부가 원했던 '집단 청취'를 통한 프로파간다와는 다른 방향으로 유선방송과 앰프촌을 재구성해서 공동체의 구성원들이 적극적으로 참여해서 자신들의 소통 네트워크를 구축하고 음악 방송을 새롭게 창출해냈다.

---

113 김영희, 같은 글, 154쪽

5장

라디오 '자작' 문화의 형성(1)

일제 강점기와 전쟁의 폐허 속에서
자작 문화를 일궈낸 '장사동 키드'

라디오 기술의 재구성은 사회적, 문화적 측면으로 활발하게 이루어졌지만, 다른 한편 기술 그 자체에서도 활발한 재해석이 이루어졌다. 그중 하나가 라디오 '자작(自作)' 문화의 자발적 형성이었다.

독일의 물리학자 하인리히 헤르츠(Heinrich Herz)의 실험으로 1886년에 전자기파, 즉 전파의 존재가 알려진 이후 사람들은 전파를 이용해서 서로 소통하려는 시도를 했다. 최초의 시도는 무선전신(無線電信)이었는데, 헤르츠가 일찍 세상을 떠난 후 이탈리아인 전기공학자 굴리엘모 마르코니(Guglielmo Marconi)가 발명한 무선전신이 점차 통신 거리를 늘려가다가 1899년 아메리카컵 요트 경기를 《뉴욕 헤럴드》에 중계하면서 많은 사람들의 관심을 끌게 되었다. 마르코니는 증기선 두 척에 무전기를 싣고 경기 실황을 생생하게 중계했고, 《뉴욕 헤럴드》 게시판 앞은 인산인해를 이루었다고 한다(요시미 순야 2005: 225-227).

초기 무선통신의 발전은 19세기 말엽에 군사적인 목적으로 이용되었고, 대중매체로 라디오 방송이 처음 시작된 것은 1906년 미국 오션블러프-브랜트록에서 웨스팅하우스의 엔지니어들에 의한 것으로 알려져 있다(남표 2013: v).

라디오 방송이 시작되기 전부터 많은 사람들은 수신기와 송신기를 자작했다. 무선통신 초기에는 모든 것이 자작의 시기였기 때문에 당연히 무선통신에 매료된 초기 애호가들이 자작을 할 수밖에 없었고, 대기업들의 제품이 등장한 이후에는 라디오 수신기 가격이 너무 비싸서 구입 능력이 없는 사람들이 스스로 부품을 모아 자작하게 되었다. 독일의 경우 1923년에 처음 폭스하우스(Vox-Haus)가 4,000미터 파장으로 라디오 방송을 시작했고, 1903년에 설립된 텔레푼켄(Telefunken)과 같은 전기회사가 라디오를 생산했다. 초기에는 방송 수신료가 있었기 때문에, 많은 사람들은 월 2제국마르크인 수신료를 내지 않기 위해 광석 라디오를 스스로 조립하기도 했다(춥 프리메르트 2000: 82).

세계적 현상—라디오 자작 문화

독일에서 1920년대 말에서 1930년대 초까지 400만에 달하는 라디오 청취자들이 있었지만 대량생산된 라디오를 듣는 사람은 절반도 되지 않았다. 시민과 노동자계급은 1923년부터 조립노동자 그룹을 조직했다. 그들은 공동으로 수신기를 조립하고, 무선전신에 대한 지식을 공유하고, 값싸게 부품을 공급하고 조립을 하는 저녁 모임을 기획했다. 이들 무선전신 애호가들이 만든 검파장치와 진공관은 질과 양의 모든 면에서 당국이 허가한 산업체들을 능가할 정도였다고 한다. 그들은 잡지《새로운 라디오 방송》을 '혼자서 라디오 조립하기'라는 부록과 함께 출간하기도 했다(춥 프리메르트 2000: 84-85).

라디오 방송이 처음 시작된 20세기 초부터 라디오의 자작

그림 44 독일에서 1920년대 후반에 조립된 라디오. 당시 대부분의 수신기는 헤드폰으로 청취했는데, 이 모형은 당시 '라빠'라 불리던 나팔 모양의 증폭기가 함께 달려 여러 사람이 함께 들을 수 있는 고급형이었다. (춥 프리메르트(2000), "라디오의 세계, 라디오의 역사와 청취형태", 볼프강 루페르트 엮음,『일상의 기호, 대량소비문화의 역사적 탐색』, 윤영 옮김, ㈜조형교육. 122쪽)

문화는 세계 곳곳에서 한층 더 활성화되었다. 라디오 방송이 시작된 후 시중에 나온 최초의 라디오는 값이 매우 비싸서 일부 계층을 제외하고는 향유할 수 없었고, 호기심 많은 소년과 어른들은 스스로 부품을 찾아서 라디오를 조립했다.

라디오 청취가 빠르게 확산될 수 있었던 것은 아마추어 무선사(Ham Operator)라 불린 사람들의 역할 덕분이었다. 실리콘이나 탄화규소와 같은 일부 광석이 라디오의 파장을 탐지, 즉 검파(檢波)할 수 있다는 사실이 알려진 후, 1906년과 1907년 사이에 아마추어 동호회들이 본격적으로 형성되기 시작했다. 광석 검파기의 발견으로 무선전신과 라디오를 많은 사람들, 특히 청소년과 성인 남성들이 즐길 수 있게 되었다. 대개 백인 중산층에 속했고, 도시에 거주하던 이들은 자신들의 침실, 다락방, 차고 등에 자체로 소규모 송수신국을 만들었다.[114]

일본에서도 일찍부터 라디오 자작 문화가 발전했다. 그 시초는 무선통신이었다. 일본에서 무선통신이 처음 시작된 것은 1897년으로 체신성 전기시험소가 쓰키시마와 시나가와만의 제5포대 사이에서 실험을 했고, 이후 민간에서도 야스나카전기(安中電氣), 일본무선, 도쿄무선 등의 제조사가 등장했다. 미국에서 라디오 방송이 많이 생겨났다는 소식이 전해진 1922년 무렵 아마추어 무선가들이 급격히 늘어나기 시작했다. 당시 아마

---

114 수전 더글러스, 같은 글, 데이비드 크롤리, 폴 하이어 편저, 『인간커뮤니케이션의 역사 2』, 커뮤니케이션북스, 644쪽

추어 무선사들 중에는 20와트 정도의 전파를 발사할 수 있는 사람들도 나왔다고 한다. 이런 인물들 중에는 '동양의 마르코니'라 불리던 라디오 천재도 있었다. 와세다 대학생이던 안도 히로시(安藤搏)가 그런 인물이었다. 그는 자신의 좁은 방에서 뉴욕, 시카고, 런던, 호노룰루 등의 사설 라디오국과 교신했다. 1924년 무렵에는 무선 매니

그림 45 무선기기를 만지고 있는 소년. ©Alamy.com

아들의 숫자가 도쿄시에만 무려 3만 명이 넘었다.[115]

라디오 방송이 정식으로 시작되기 전인 1923년부터 라디오 수신기와 부품 수입이 시작되었다. 《무선과 실험》 1934년 5월호에 게재된 10주년 회고 기사에는 일본 최초의 라디오 부품점인 '과학화보(科学画報) 대리부'에 대한 기사가 실려 있었다. "'과학 화보 대리부'는 간다(神田)역 게이힌(京浜) 빌딩 3층 객실을 임대해 화려하게 개업하고 힘차게 첫걸음을 내딛게 되었다. 이것이야말로 실로 우리 나라에 있어서 라디오 재료 전문

---

[115] 요시미 순야, 2005, 같은 책, 265-268쪽

그림 46 《과학화보》 1925년 8월호 기사. 출처,
——— 岡本次雄, 1963. 〈アマチュアのラジオ
技術史〉. 43쪽

점의 효시로 당시의 최첨단을 달렸던 존재였다. 이 대리점은 재료 입수에 어려움을 겪던 라디오 여명의 시대에 절호의 기회를 잡았기 때문에 이 대리점은 비교적 지금보다 비싼 가격으로 여러 가지 부품들을 판매했고, 순식간에 물건들이 팔려나갈 정도여서 대성공을 거두었다.[116] 아마추어 라디오 자작자들에게 중요한 역할을 한 잡지 《과학화보》는 1925년 8월호에 '간단한 코일을 사용한 광석검파 수신기 제작법'이라는 기사를 실었다.[117]

일본의 기술사가 유조 다카하시는 일본의 전자산업 발달에 아마추어 자작가(tinkerer), 라디오 애호가, 준전문가, 지역의 라디오 상점, 그리고 라디오 부품을 만들었던 수공업체 등 이른바 '비공식 부문(unofficial sector)'이 중요한 역할을 했다고 적극적으로 평가했다. 일본의 라디오 붐은 일본이 패망한 후 자유로운 정치적 상황에서 비롯되었다. 일본인들이 흔히 '전후(戰後)'

---

116 岡本次雄, 1963. アマチュアのラジオ技術史. 東京 誠文堂新光社, 13쪽
117 같은 책, 42-43쪽

그림 47 《무선과 실험》 1951년 9월 ─── 호 표지

그림 48 일본의 대표적인 라디오 잡지 ─── 《무선과 실험》 창간호

라 부르는 패전 이후 대략 60년대까지 이어진 시기는 일본 역사에서 매우 독특한 시기였으며, 라디오 문화에서도 중요한 의미를 가졌다. 도시바나 히다치와 같은 대규모 전자회사들이 전쟁 이후 패전과 경기후퇴로 큰 타격을 입은 반면, 비공식 부문은 황금기를 구가했다. 1948년에 비공식 부문에서 제작된 라디오는 1940-1942년 전쟁 시기 절정기와 거의 비슷한 숫자였다. 더구나 비공식 부문에서 제작된 라디오는 대기업 제품에 비해 절반이나 3분의 1가격에 불과했다. 이 시기에 라디오 제작이나 수리는 아마추어 자작자들에게 상당한 수입을 안겨주기도 했다. 당시 동경대 공과대학생이었던 스스무 기타노는 4개의 진공관을 이용한 TRF(tuned radio frequency) 방식의 라디오 수신기

그림 49 일본의 아마추어 라디오 잡지《초보의 라디오》1951년 9월호 표지

그림 50 일본의 라디오 공작 잡지《라디오 기술》1950년 6월호 표지

를 만들어서 아키하바라에서 판매했다. 그는 부품값으로 대당 20-30엔이 들었지만, 완성된 라디오는 100엔에 팔아서 수익을 남길 수 있었다.[118]

일본의 아마추어 무선과 라디오 자작 문화가 일찍부터 발달하게 된 중요한 요인 중 하나로 1920년대부터 발간된 훌륭한 라디오 잡지들을 꼽을 수 있을 것이다.《무선과 실험》은 일본에서 라디오 방송이 시작되기 전인 1924년에 라디오 방송 청취를 위한 기술계몽지로 창간되었다. 당시 발행처는 동경의학전기

---

118 Yuzo Takahashi, 2000, ˝A Network of Tinkerers: The Advent of the Radio and Television Receiver Industry in Japan˝, Technology and Culture , Jul., 2000, Vol. 41, No. 3 (Jul., 2000), pp. 460-484

(東京医学電気)였다. 그 외에도 1946년에 창간된 《초보의 라디오(初歩のラジオ)》, 1947년에 창간된 《라디오기술(ラジオ技術)》, 《전파과학(電波科學)》 등이 있었다.

영국의 경우 1923년 3파운드로 구입할 수 있었던 라디오 키트는 노동자들에게 여전히 턱없이 비싼 것이었다. 당시 상황을 한 여성은 이렇게 기억했다. "남편의 생일날이나 크리스마스 때가 되면 나는 그에게 라디오 부품을 주곤 했죠. 그래요. 나는 매주 4펜스씩을 모아 남편이 그토록 갖고 싶어 했던 부품을 사 주곤 했어요."[119]

이런 DIY 문화에서 라디오 조립은 순전히 새로운 기술이나 라디오 방송이라는 새로운 매체에 대한 관심에서 비롯된 취미 활동이었다.

빌 아저씨는 조립 키트에서 최초의 수신기를 만들었어요. 아, 그는 키트 부품과 조각들을 이어붙이는 데 사용했던 라디오 설계도와 그만이 아는 것을 가지고 있었어요. 빌 아저씨는 취미로 즐기는 사람이었죠.

내 기억으로 라디오를 처음 취급한 것은 호기심 많은 젊은 친구들이었어요. 그들은 어린애들의 장난감 자동차 속에 있는

---

119 샤언 무어스, 2008, 『미디어와 일상』, 임종수 김영환 옮김, 커뮤니케이션북스, 58-59쪽

것을 마음대로 끄집어내고 … 부품을 찾으려 애쓰듯이 항상 부품을 찾아 헤매곤 했지요. 그것은 요즘 말로 '미친 짓'이라고 부르는 짓일 겁니다.[120]

라디오가 처음 등장했던 1920년대 영국의 가정 풍경을 보여준 이런 회상들에서 라디오 조립은 항상 호기심 많은 남자들의 영역이었고, 순전한 취미활동으로 호기심과 즐거움을 위한 것이었다. 아저씨나 아버지들이 얼기설기 부품을 조립해서 수신기(라디오)를 만드느라 밤을 새우고, 잡음 속에서 간신히 방송을 잡아내고 좋아라 하던 모습은 당시 공통된 기억 중 하나였다. 그리고 어깨너머로 아버지나 형들의 모습을 보고 조립 실력을 키운 소년들이 다음 세대의 조립 문화를 이어갔다.

우리나라의 초기 라디오 발달사(1924-1947년 전후)[121]

우리나라에서 처음 라디오 방송이 시작된 것은 일제 강점기 시절인 1927년 2월 16일 조선총독부가 만든 사단법인 경성방송국이 호출부호 JODK와 주파수 870KHz로 첫 전파를 송신

---

120 샤언 무어스, 같은 책, 58쪽

121 이 절의 내용은 "우리나라의 라디오 발달사"(《전자과학》 69년 10월호. 53-55쪽)를 정리한 것이다. 최초의 광석 라디오부터 1947년 무렵까지 연대별로 잘 정리한 내용이라서 자료적 가치가 있다고 판단해서 거의 전문을 요약 소개했다. 따옴표로 인용 표시를 한 부분은 원래 기사 내용이다.

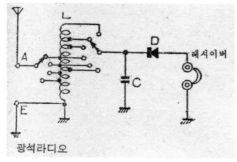

그림 51　1924년에서 1935년까지 사
───　용된 광석 라디오와 회로도.
　　　　(출처:《전자과학》69년 10
　　　　월호, 53쪽)

광석라디오

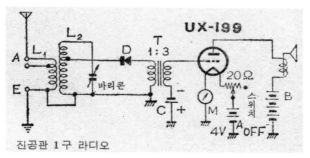

그림 52　최초의 진공관 1구 라디오 회로도. 전원은 그림 속의 ABC 모두 축
───　전지를 사용했다. (출처:《전자과학》69년 10월호, 53쪽)

하면서부터이다. 당시에는 주로 일본어 방송이 이루어졌고, 한
국어도 교차로 방송했으며 수신료가 징수되었다(남표 2013: vii-
viii). 1930년대까지 주로 이용된 수신기는 흔히 '광석(鑛石) 라
디오'라 불리는 광석검파 수신기였다.

　　우리나라에서 처음 라디오 방송이 시작되었을 당시 사용된
광석 라디오의 그림과 회로도는 다음과 같다. 가변 저항기, 즉
"바리콘이 아직 나오지 않았던 당시는 대형 바스켓형 코일로

많은 탭을 내서 레버 스위치로 동조를 잡았다".

이후 바리콘과 3극관이 나오면서 진공관 1구가 출현해서 "당시로는 경이적인 고감도의 라디오로 각광"받았으며, "검파 출력을 3극관으로 증폭해서 레시버 및 마그네트 스피커를 구동했다."

1935년 이후 전지가 아닌 교류 전기를 사용하는 획기적인 라디오로 나팔형 수신기가 등장했다. 당시 교류 수신기는 대부분 다음과 같은 회로를 채택했다. 다음 그림에 나오는 3구 리플렉스 엘미네이터 라디오는 "동조코일을 주로 스파이더 코일로, 동조 바리콘은 C1, C2 별개로 동작하도록 되어 있었다. 초단관에서 고주파 증폭 1단 광석 D로 검파를 하고, 저주파 출력을 저주파 트랜스 T1으로 또다시 초단관에서 음성 증폭하고, 또 2단째의 진공관에서 출력을 증폭하는 1-V-2 리플렉스 라디오"이다.[122]

1935년 전후에 그 이후에는 볼 수 없는 세로가 긴 형태의 라디오가 등장했다. 이러한 설계는 주로 독일을 비롯한 유럽과 미국에서 초기에 유행했던 형태였다.(그림 54) 금성사 A-501 라디오 설계 과정에서도 독일인 헨케가 이러한 방식을 주장했지만, 김해수는 당시 유행하던 가로식 설계를 주장했고, 결국 날렵하게 가로로 길쭉한 설계가 채택되었다.

---

[122] 같은 기사

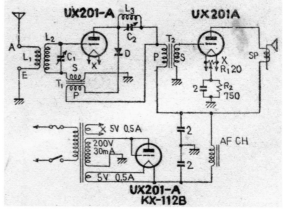

그림 53 　 3구 리플렉스 엘미네이터 라디오와 회
──── 　 로도(오른쪽)

　다음 그림은 저주파 증폭 1단의 열진공관식 3구 수신기이다. "방열관으로 획기적인 진공관인 UY-227, UY-27B, UY-56 등의 실용화로 교류함 때문에 부득이 사용되었던 광석이 그리드 검파재생식이라는 고성능 회로의 출현으로 자취를 감추고" 말았다. "스피이커는 나팔(콘형 스피이커) 대신 종이코온과 마그네틱형으로 바뀌었고, 캐비네트 속에 같이 수용된 것은 커다란 특징"이었다.

　1940년 전후로 라디오는 소형화되었고, 고감도와 고출력을 이루었다. 다음 그림은 'SG관, 펜디트라고 떠들썩한 시대'의 다극관 고감도 소형 라디오이다. "재생그리드 검파인데 당시 아마츄어들이 자작한" 종류의 스트레이트 수신기였다. 당시 아마

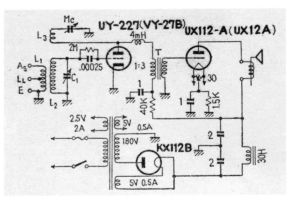

그림 54 열진공관식 3구 수신기와 회로도(오른쪽)

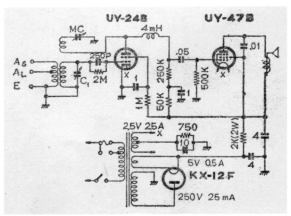

그림 55 소형화와 고출력, 고감도를 이룬 1940년대 라디오와 회로도(오른쪽)

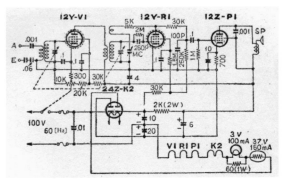

그림 56 전시형 라디오였던 트랜스 없는 라디오와 그 회로도(오른쪽)

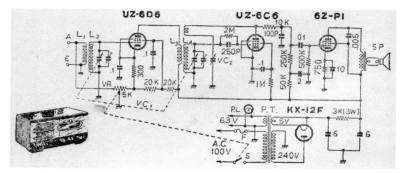

그림 57 2차세계대전이 끝나고 라디오 붐을 앞
———— 두고 등장한 설계

추어 무선을 즐기던 사람들은 이 수신기로 일본, 중국 본토의
신호를 수신했다.

　1941년에서 1946년은 2차세계대전으로 라디오도 전시형
(戰時形)으로 불렸다. 그림 56은 일제 강점기 말기에 국형 11호,
국형 122호라 불리던 설계이며, 일본의 진주만 기습으로 미국
이 참전하고 태평양전쟁이 벌어지면서 "철제 자원의 부족을 보
충하는 목적에서 트랜스가 생략되고 현재의 트랜스레스 라디
오와 같이" 설계가 변경된 라디오이다. 당시에는 불량 콘덴서
가 많았고, 수리에 쓰일 부품 공급도 충분치 않아서 "전기상회
를 골탕먹이는 그런 라디오가 많았고", "특히 트랜스레스 때문
에 샤시에 닿으면 감전하기 쉽기 때문에 별명 '감전형'이라고
무서워하던 라디오"였다.

　일본이 패망하면서 2차세계대전이 끝나고 미군이 남한에 진
주하면서 라디오 붐이 시작되었다. 1947년 이후에는 가로형의

고주파 1단 라디오가 등장했다. 한국전쟁이 발발하면서 "전쟁의 고난 속에서 혹은 깊은 밤중에 이불을 뒤집어쓰고 또 깊은 산속에서 애타게 전국의 추이를 엿듣던 추억의 라디오도 전부 이런 회로로 된 것"이었다.

일제 강점기와 전쟁기의 '장사동 키드'

우리나라에서도 해방 이전부터 라디오 방송을 들으려고 직접 일제 무선기기 폐품에서 부품을 빼내 아마추어 무선기기를 만들거나 자연 방연광(方鉛鑛)을 이용해서 광석 라디오를 만들던 많은 청년들이 있었다. 과학기술부 장관과 KIST 원장을 지냈던 서정욱(徐廷旭)은 유복한 환경에서 유년기부터 삼촌들이 보던《무선과 실험》,《라디오와 음악》같은 일본 잡지들을 접할 수 있었고, 당시로서는 흔하지 않던 유성기, 라디오, 전축 등을 가지고 놀 수 있었다. 그는 광석 수신기 조립에 열을 올리던 당시를 이렇게 회상했다.

당시는 라디오가 제한적으로 보급되어 집집마다 라디오를 갖지 못했다. 따라서 전국 광석화라고 할까, 부품을 구해다가 조립하는 광석 수신기는 무선에 취미가 있는 학생들은 물론이고 라디오가 없는 집의 어른들에게까지 폭넓은 인기를 누렸다. 나의 삼촌들 역시 이 광석 수신기의 조립에 열을 올렸다. 삼촌

들의 심부름을 하면서 나는 어깨너머로 광석 수신기의 조립기술을 틈틈이 익혔다.[123]

당시의 광석 라디오는 1960년대와 1970년대까지 청소년들 사이에서 유행했던, 상품화된 반도체 다이오드를 이용한 세련된 광석 라디오가 아니었다. 말 그대로 자연 방연광을 이용해서 전파를 검파(檢波)해서 전파에 실려온 방송내용을 찾아내는 원시적인 장치였다. "이른바 고양이 수염 전극(cat's whisker)이라고 불리는, 가늘고 유연한 강철선으로 팥알만한 방연광 결정 표면을 오가며 방송이 잡힐 때까지 조심스럽게 찾아내야 하는 불안정한 것이었다. 라디오 부품점에서는 그나마 결정 표면이 괜찮은 방연광을 골라서 일정한 압력의 스프링(수염 전극)이 달린 강철사 끝을 접촉시켜서 연필보다 좀 굵은 통 속에 왁스 등으로 밀봉한 것을 비싸게 팔고 있었다."(서정욱 1996: 36) 자연 방연광을 이용한 이 광석 라디오는 당시 전력 사정이 좋지 않았던 상황에서 전기나 전지(電池)없이 들을 수 있는 이점이 있었지만, 스피커를 울릴 수 없어서 무거운 리시버를 머리에 쓰고 들어야 했기 때문에 불편했다. 그래도 광석 라디오는 많은 사람들에게 큰 인기를 끌었다.

서정욱과 같은 선구적인 아마추어들에게 가장 큰 문제는 부

---

123 서정욱, 1996, 『미래를 열어온 사람들, 통신과 함께 걸어온 길』, 한국경제신문사, 36쪽

품의 조달이었다. 해방 이후 미군정 시절에 지금의 광교 건너편 세운상가 근처에 해당하는 장사동에는 각종 라디오 부품과 공구를 파는 가게들이 생겨났고, 일본의 군용 무전기와 부품을 비롯해서 미군 부대에서 흘러나온 폐품과 부품들이 활발하게 거래되었다. 일본의 항복으로 전쟁이 끝난 후, 미군 부대를 통해 엄청난 양의 잉여 물품과 부품들이 민간으로 방출되었고, 이 과정은 미군이 주둔했던 많은 나라에 미국의 산업과 과학적 능력을 과시하고, 나아가 미국 제품의 우수성을 홍보하는 과정이 되기도 했다. 실제로 서정욱은 일본과 미국의 무전기와 부품들을 비교하면서 두 나라의 기술 격차를 실감했다고 말했다.

그는 해방 이후 중학교에 들어가면서 아마추어 무선에 빠져들었고, 진공관 1구 라디오를 만드는 데 성공하고 이어서 슈퍼헤테로다인 수신기 제작에 도전했다. 이때 그가 부품을 구하기 위해 발품을 팔았던 곳이 장사동 일대였다. 그는 당시 장사동을 이렇게 회상했다. "장사동이란 지금의 광교 건너편 세운상가 근처로 일본의 군용 무전기와 부품을 포함해서 미군의 무선기기나 부품을 파는 노점상들이 즐비했었다. 대개는 미군부대에서 유출된 폐품이 주류를 이루었으며, 모르긴 해도 몰래 빼내온 물건도 꽤 있었을 것이다."[124]

당시 휘문중학을 다니던 서정욱은 수업이 끝나면 일과처럼

---

[124] 서정욱, 같은 책, 41쪽

장사동을 드나들었고, 자신이 이곳을 드나들며 부품을 구해 무선기와 라디오를 조립하던 시절을 '나의 장사동 키드 시절'이라고 불렀다(서정욱 1996: 41).

서정욱의 회고에서 알 수 있듯이 당시 '장사동 키드'는 유년기에 일본이나 미국 등을 통해 무선기기와 라디오 등의 새로운 문물과 지식을 접할 수 있었던 상류층과 지식층 자제들이 주류를 이루었다. 서정욱을 비롯해서 위의 인용문에서 언급된 사람들은 모두 훗날 우리나라 전자산업이나 과학계에서 중요한 지위에 올랐던 인물들이었다. 당시 일류 중고등학교를 다니거나 외국 유학을 했던 엘리트 계층이 중심이었다.

그와 비슷한 취미 생활을 했던 장사동 키드들은 정확한 숫자는 파악하기 힘들지만 꽤 많았던 것으로 보인다. 통성명도 없이 오가며 어깨를 스쳤던 장사동 키드 중에서 서정욱은 특히나 조요한(曺堯翰)이라는 인물을 과학의 귀재(鬼才)로 꼽았다.

조요한 씨는 나보다 너댓살 더 나이가 많은 분으로 6.25 전쟁 직전에 열린 전국 과학박람회에서 무선 송수신기를 출품할 정도의 실력을 갖추어 당시 "장사동 키드"의 최고 우상이었다. 또한 그는 경기중학교 재학 중에 우리나라에서 최초로 〈무선과학〉이라는 책을 펴내기도 했다 … 그 책의 뒷부분에 실린 아마추어 무선편은 아마추어 무선의 세계를 이해시키는 정도를 넘어 어린 우리를 크게 자극시켰다 … 반도체 분야를 연구한 사람이라면 누구나 그 이름을 기억하는 강기동, 한국전력에서 최고 경영진에 오른 이동호, 김동주 씨, 그리고 후배로는 조요한 씨의 동생 조요성, 조요윤 등이 그 무렵 극성스러운 장사동 키드였으리라고 짐작된다.[125]

조요한은 이론에도 밝아서 경기중학교 재학 중인 1950년 2월에 우리나라 최초로 『무선과학』이라는 책을 발간해서, 당시 후배 장사동 키드들에게 무선의 세계를 이해시키려고 시도했다. 조요한은 『무선과학』 머리말에서 자신의 집필 의도를 이렇게 밝혔다.

이 책은 무선학에 취미를 가지신 초보동지를 위하여 써본 것입니다. 아직 연구 도상에 있는 미숙한 필자의 이러한 분에 넘치는 행위는 학계에 대하여 외람한 일로 믿습니다마는 아직 이 방면에 우리말 문헌이 없는 금일에 있어서는 이러한 조잡한 것이나마 다소의 도움이 되지 않을까 합니다.[126]

이 책은 제1편 무선의 발달과 현재, 제2편 기초 무선학, 제3편 수신기, 제4편 수신기의 제작, 그리고 마지막에 실린 부록으로 이루어졌다. 특히 책의 뒷부분인 '4편 수신기의 제작법' 편

---

125 서정욱, 같은 책, 42-43쪽
126 조요한, 1950, 『무선과학』, 서울國史院 발행, "머리말" 중에서

그림 58 우리나라 최초의 무선과학 이론서이자 제작서인 조요한의 『무선과학』 표지(조요한(1950), 『무선과학』, 서울國史院, 고려대학교 도서관 소장)

그림 59 "제4편 수신기의 제작법, 조요한, 같은 책, 177쪽

은 앞부분의 이론 설명에 이어서 실제 수신기 제작법을 '직류식, 교류식, 단파용, 초단파용, 전기축음기' 5종류로 나누어 회로도와 실체배선도와 함께 '실지적으로 사용가치가 있는 것을 추려서' 상세하게 실어 아마추어 무선과 라디오 수신기 자작에 대한 후배들의 열망을 크게 진작시켰다. 이 책의 서문은 당시 연희대학교의 장기원(張起元) 이학원장이 썼다. 그는 이 책의 가치를 다음과 같이 높이 평가했다.

　　아직 이 방면에 이렇다 할 저서 문헌이 없어 초조히 생각튼 중 행(幸)히 조군이 다년간의 실험을 기초로 구미의 최신문헌

그림 60 ── 조요한의 동생 조요성이 쓴 기사. 《전자과
학》, 1959년 6월호, 43쪽

을 참고하여 본서 무선과
학을 간행케 된 것은 실로
시대요구에 응함이라 하
겠다. 내용에 있어서도 친
절한 도해설명과 최신의
학술기술이 소개된 것은
이 방면에 뜻을 둔 학도분
들에게 좋은 지침이 되리
라고 믿는다.

조요한과 형제들은 아마
추어 무선 분야에서도 핵심
적인 인물들이었으며, 조요
성은 《전자과학》에 진공관
증폭기에 대한 해설 기사를 연재하기도 했다. 그러나 그는 이렇
게 기억되는 사람들 이외에 수많은 잊혀진 장사동 키드들이 있
었다고 말한다. "단언컨대 지금 내 기억에 있는 분들만이 전부
는 아니다. 그때 장사동을 오가며 만났던 이들 가운데 상당수는
한국전쟁통에 학도병이나 의용군으로 끌려가 되돌아오지 못했
으며, 아마 가난과 굶주림으로 병을 얻어 뜻을 펴지 못한 채 유
명을 달리한 이들도 꽤 있었을 것이다."(서정욱 1996: 42-43)

미국 유학 후 한국반도체 주식회사를 세운 강기동은 1951

2부. 라디오 자작 문화, '장사동 키드'와 '라디오 보이'의 탄생

년 피난지인 부산에서 미국 아마추어연맹이 발행하는 기관지 QST를 접했고, 광복동 노점상에서 미군용 통신기 GRC9을 구해서 경기중학교 무선반과 물리반 동기와 선후배들과 함께 아마추어 무선의 세계를 처음 접했다. 이후 피난 생활을 마치고 서울공대 전기과에 입학하면서 부품을 구해 송수신기를 조립하고, 한국 최초의 아마추어 무선통신사 면허증을 땄고, 1954년 여름부터 호출부호 'HL1TA'로 일본무선국과 정식으로 교신을 하기도 했다. 이후 그는 1955년 4월 20일에 동국무선고등학교에서 '한국아마추어무선연맹'을 창설했다(강기동 2018: 54-86).

해방 직후와 한국전쟁을 거치는 격동의 시절에 장사동과 광복동의 일제 부품과 미군 폐품 시장을 뒤지면서 자작 무선기기를 조립하던 장사동 키드들은 우리나라에서 최초로 라디오 자작 문화를 형성했던 1세대에 해당한다. 그러나 앞에서 서정욱이 회고했듯이, 장사동 키드로 분류되는 아마추어 무선가와 애호가들은 대체로 상대적으로 가정형편이 좋고, 일류 중고등학교와 대학교에 진학하고 일부는 미국과 일본 유학을 했던 엘리트 계층이었다. 당시로서는 집안에 라디오나 전축을 가지고 있던 사람들은 극소수에 불과했고, 폐품이나 부품을 살 만한 용돈을 받을 수 있는 사람들도 일부에 지나지 않았기 때문이다.

그림 61 필동 자택에 설치한 무선통신기와 젊
—— 은 시절의 강기동(1955-1957), 강기
동, 『강기동과 한국반도체』, 72쪽

그림 62 동국무선고등학교에서 1955년 4월
—— 20일에 열린 한국아마추어무선연맹
창립총회, 같은책, 88쪽

6장

라디오 '자작' 문화의 형성(2)
60년대와 70년대의 '라디오 보이'의 탄생

해방 전후 등장한 장사동 키드의 뒤를 이어 1960년대와 1970년대에 새롭게 자작 문화가 형성되었다. 우리나라의 라디오 기술과 문화는 일제식민지와 한국전쟁, 분단, 4·19와 5·16 등 역사적 격랑을 거치면서도 꾸준히 성장해왔다. 비록 그 숫자는 적었지만, 아마추어 무선과 라디오의 자작 문화는 세계적인 흐름에 뒤처지지 않고 나름의 맹아를 형성했다. 또한 당시 박정희 군사정부의 공보수단으로 라디오와 유선방송, 그리고 앰프촌이 확산되었지만, 수용자들은 적극적으로 라디오 기술을 재구성하는 적극성과 창의성을 보여주었다.

1960년대에서 80년대, 그리고 90년대까지 라디오 보이[127]들은 세운상가에 있는 부품상과 기술서적 판매점에서 자신들의 꿈을 키워나갔다. 세운상가 시절의 라디오 보이들과 그들의 선배격인 과거 장사동 키드는 몇 가지 점에서 뚜렷한 차이가 있었다.

먼저 라디오 보이들은 수적으로 비교할 수 없을 만큼 늘어났다. 과거에는 전쟁통이라는 피폐한 상황에서 소수의 얼리 어댑터(early adapter)들이 무선 수신기와 광석 라디오를 선구적으로 조립했지만, 전후 복구가 이루어지고 경제성장이 이루어지면서 이른바 베이비붐[128] 세대가 중학생과 고등학생이 되어 라디오 보이의 인적 토대를 넓혀주었다.

둘째, 법률과 제도의 뒷받침으로 1969년 1월에 전자공업진흥법이 공포되었고, 같은 해 11월에 1회 한국전자전람회와 라디오 조립 경연대회가 개최되었다. 전자전람회는 당시 박정희 대통령이 직접 참가할 만큼 정부에서 역점을 둔 행사였고, 수출 증대를 위해 정부는 적극적으로 전자공업을 육성시켰다. 막강한 위세를 떨치던 군사정부의 주도로 이루어진 전자산업 육성 정책은 큰 힘을 발휘했고, 기업과 학교 등 민간 차원에서도 적극적으로 호응했다. 1970년대부터 종로와 청계천에 우후죽순처럼 생겨난 라디오와 TV 기술학원이 직업전선에서 많은 기술

---

127 여기에서 편의상 라디오 자작 문화의 2세대를 '라디오 보이'라고 명명한다. 실제로 일부 동호회에서 자신들을 '라디오 보이'라고 지칭하고 있다.

128 우리나라의 베이비붐 세대는 대체로 1955년부터 1963년까지 출생한 약 900만 명을 일컫는다.

인력을 배출했고, 1959년 4월에 체신부가 1회 무선통신사 검정시험을 시행한 것을 비롯해서 전기 전자 분야에서 여러 검정시험들이 생겨나고 이후 기능사와 기사와 같은 자격증이 주어지면서 제도적인 기반이 형성되었던 것도 중요한 의미를 가진다. 또한 당시 많은 숫자가 설립된 공업고등학고(공고)도 향후 자신의 직업적 미래와 연관된 많은 학생들을 배출하면서 라디오 보이의 인적 풀을 형성했다.

세 번째 특징은 1세대가 주로 일제와 미제 폐품에서 부품을 뜯어내서 활용한 데 비해 국내 전자산업과 부품 산업의 발달로 제대로 된 부품이 수급되었고, 1966년 세운상가 전자상가가 탄생하면서 부품상들이 한군데 밀집해서 안정적으로 부품을 공급해주었다는 것이다. 따라서 좀더 많은 중고등학생과 청년들이 안정적인 부품을 기초로 라디오나 아마추어 무선기, 앰프 등을 조립하면서 라디오 보이로 거듭날 수 있게 되었다.

넷째, 합동과학사와 아카데미과학사와 같은 '모형 키트'와 부품을 제작하고 판매하는 과학교재사가 여럿 등장해서 전국적으로 지점들을 열어 청소년과 애호가들이 번거롭게 부품을 모으러 다니지 않고도 하나의 키트 속에 담겨 있는 부품과 설명서로 쉽게 라디오나 전자기기를 조립할 수 있게 된 것이었다. 더구나 이들 과학교재사는 자동차, 비행기, 보트 등 여러 가지 스케일 모형과 작동 모형을 함께 다루어서 조립 문화가 라디오나 전자기기를 넘어 라디오 콘트롤(RC) 모형 비행기와 보트,

전동기를 이용한 자동차 등 다양한 영역으로 확장되었다. 따라서 이 시기의 자작 문화는 전기(前期)에 비해 실용성의 강박에서 상당히 벗어나 순수한 취미활동으로 확장되었다.

다섯 번째로는《전파과학》과 같은 초기 저널 이외에도《라디오와 모형》,《학생과학》,《과학과 공작》과 같은 잡지들이 창간되었고, 라디오기술사와 같은 전문적인 출판사들이 『007제작집』,『419회로집』,『516회로집』,『815회로집』과 같은 라디오 회로집들을 대거 출간하면서 자료에 목말라 있던 라디오 보이들에게 조립에 필요한 회로들을 제공해주었다.

세운상가의 탄생

1960년대 말 우리나라의 전자산업의 메카로 불리던 세운상가는 60년대에서 80년대까지 청소년과 대학 시절을 보냈던 라디오 보이들에게는 성지(聖地)와도 같은 곳이었다. 1세대 자작 문화의 주역들이 헤집고 다녔던 장사동 골목은 김현옥 시장에 의해 "세상의 기운을 다 모은다"는 뜻으로 세운(世運)상가로 재탄생했다.

종로 3가에서 청계천 4가에 이르는 이 지역은 일제 강점기부터 소개(疏開) 공지, 즉 공습을 받아 시가지에 화재가 났을 때 불이 옆으로 번지는 것을 막기 위해 조성한 대규모 공지(空地)였다. 해방이 되면서 해외 교민, 월남인, 농촌 이주민 등이 밀려

들면서 이 지역에 무허가 건물이 늘어났다. 1960년대까지 이곳은 청계천변과 함께 서울에서 가장 낙후한 곳이었고, 쿠데타로 집권한 박정희는 이곳의 개발을 통해 서울을 현대도시로 탈바꿈하는 전초기지로 삼고자 했다.[129]

전쟁 이후 60년대까지 여러 차례 정부 차원에서 재개발 시도를 했지만 실현되지 못하고, 1966년에 부임한 김현옥 시장에 의해 본격적으로 재개발되었다. 남영동 대공분소를 설계하는 등 당시 군사정권과 긴밀하게 협력했던 유명한 건축가 김수근이 세운상가를 설계했다. "세운상가 프로젝트는 세운상가 건축을 통해 서울을 현대 도시로 바꾸겠다는 박정희의 정치적 모더니즘과 세운상가 프로젝트를 통해 모더니즘 건축의 이상을 구현하고자 했던 건축가 김수근의 건축적 모더니즘의 합작이었다. 도로 위에 필로티(pilotis)를 세워 인공 대지를 만들고 그 위에 상가와 주거를 세워서 자족적인 커뮤니티와 종묘에서 남산을 연결하는 산책로를 만든 것은 두 모더니즘의 상징적 결과물이었다."[130]

세운상가에는 60년대 중반의 상황에서 획기적인 개념들이 많이 도입되었다. 우리나라 최초로 주상복합 설계를 시도했고, 보차(步車) 분리와 연속적 보행물 조성을 위한 보행데크, 아뜨

---

129 안창모, 2005. "세운상가 – 태평양전쟁의 사생아, 광복 60년 극단의 도시 삶이 펼쳐졌던 곳."《건축과사회》, 2005. 07, 248–258쪽
130 안창모, 같은 글

그림 63 세운상가 개관식과 김현옥 시장.
───── (출처: 서울사진아카이브)

그림 64 당시 세운상가 아파트 잔여동 분양공
───── 고. (출처: 『세운상가와 그 이웃들, 산
업화의 기수에서 전자만물시장까지』,
서울역사박물관, 2010, 58쪽)

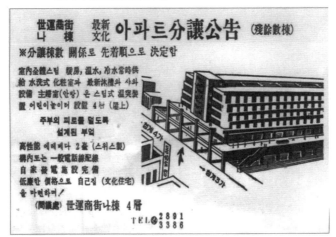

리움 등 새로운 요소가 들어갔다. 또한 1층에서 4층까지 다양한 상업용도가 배치되고 상층부에는 아파트가 조성되어서 최초의 주상복합식 건물이었던 셈이다. 원래 1층은 자동차 도로와 주차장으로 구상되었지만, 당시 차량이 많지 않았던 탓에 이후 상업 용도로 바뀌어 점포들이 들어섰다(강홍빈 2010: 51-61).

이처럼 원래 세운상가는 전자제품이나 공업사, 기술자들을 위한 공간으로 마련된 것이 아니었다. 처음에는 새로운 개념의 주거와 상업 복합 공간으로 기획했지만, 처음 의도와 달리 전자제품을 파는 상점들뿐 아니라 다양한 제품 업체와 유통업체, 중고업체, 생산업체 그리고 수리업체들이 뒤섞여 거대한 네트워크를 이루고 있었다. 그것은 당시 물자가 귀해 전자제품이나 시계, 기계장치들이 고장이 나면 고쳐 쓰거나 스스로 부품을 구해서 자작하는 문화가 형성되었기 때문에 세운상가는 전자제품과 기계류 유통, 수리, 자체 제작 등의 여러 가지 기능들이 유기적으로 연관되었고, 전자 부품을 찾아 이곳을 헤집고 다니는 수많은 사람들과 어우러져 독특한 문화를 형성했다.

미사일, 탱크도 만든다는 세운상가

세운상가는 70년대까지 찾는 사람들이 워낙 많아서 어깨를 부딪히지 않고 지나갈 수 없을 정도였다. 세운상가 3층에서 '차전자'를 운영하는 차광수 대표는 "지난 60년대 말 한국 전자산

그림 65 1980년대 세운상가. 당시의 세운상가
——— 는 서울의 중심상권으로 전자산업의
메카였다. (출처: 서울시 제공)

업의 메카로 불리던 세운상가에 광석 라디오 부품을 사러 오는
어린이 손님으로 인연을 맺어, 가게 직원으로 일하다 80년도에
자신의 가게를 냈다. 차 대표는 이후 세운상가에서 잔뼈가 굵은
세운상가 영욕의 역사의 산 증인"이다.[131] 한 언론사와의 인터
뷰에서 세운상가와의 인연을 이렇게 말했다.

"고향이 경기도 청평인 나는 초등학교 때부터 전자 쪽에 관
심이 많았다. 특히 서울에서 방송하는데 이 시골까지 라디오 소
리가 온다는 게 너무 신기했다. 마침 실과책을 보니까 광석 라
디오 회로와 실체배선도가 나와 있더라. 꼭 내 손으로 만들어보
고 싶었다. 전파사에 가서 부속을 달라고 하니까 '조그만 녀석

---

131 "세운상가에서 미사일? 내가 실제 만들었죠" [김경년의 I.인터뷰.U] 세운상가 발
명왕 '차 전자' 차광수 대표, 오마이뉴스 2017.09.27

이 이걸 사서 어디에 쓰려고 하냐'며 처음엔 안 판다고 하더라. 가까스로 졸라서 부속을 겨우 하나 사고 나머지는 어디 가서 사야 하냐고 캐물었더니 서울 청계천 세운상가에 가면 뭐든지 다 있다고 하는 거다. 그래서 버스를 타고 여기까지 왔다. 왔더니 부속 파는 데가 너무 많아 신났다. 그래서 용돈을 다 털어 전부 사 왔던 기억이 있다."

그는 중학교를 졸업한 후 전자 기술학교에서 기술을 배웠다. "중학교를 졸업하고 기술을 더 배우고 싶어서 남대문로에 있는 국제텔레비전기술학교라는 데를 혼자 무작정 찾아갔다. 교실을 청소하는 대가로 기술을 가르쳐주고 책도 무료로 주더라. 그 땐 워낙 못 사는 사람들이 많을 때니까 용기를 내서 꼭 배우겠다는 열성이 있으면 학생을 그런 식으로 가끔 받아줬다."

이처럼 대도시의 다양한 문화가 뒤섞여 한때 서울의 명소로 각광을 받았지만, 1977년에 주업종인 전기와 전자 업종이 도심 부적격 업종으로 지정되고 외곽 이주정책으로 용산전자상가로 강제 이전하게 되면서 세운 상권은 급격하게 기울기 시작했다.

벤야민의 '아케이드'와 '세운상가 키드의 사랑'

세운상가는 단지 전자제품이나 부품을 판매하는 곳에 그치지 않았다. 지금과는 달리 갈 곳이 마땅치 않았던 시절에 세운상가는 딱히 살 물건이 없어도 사람들이 이리저리 기웃거리기에 좋은 일종의 근대적 아케이드였다.

1852년에 나온 파리 관광안내서에서는 멋들어진 센 강변의 사진과 함께 파리를 다음과 같이 소개한다. 아케이드는 예로부터 실내의 대로로 간주되어 왔으며, 실외의 진짜 대로와 연결된다. 이들은 산업사회가 새로 발견한 사치품으로서 유리 지붕과 대리석 벽으로 만들어진 보도이며, 블록을 이루는 건물들을 관통한다. 건물주들이 이러한 투기성 사업에 공동으로 참여하였다. 조명을 받으며 보도의 양편을 장식하는 것은 가장 멋진 상점들이다. 이렇듯 아케이드는 자체로 하나의 도시이며, 세계의 축소판이다.[132]

『기술복제시대의 예술작품』이라는 저서로 유명한 프랑크푸르트 학파의 철학자이자 문학비평가인 발터 벤야민(Walter Benjamin)은 이 글이 아케이드를 가장 잘 표현했다고 극찬했다고 한다. 19세기 초반에 세워진 파리의 파사쥬는 근대 상가 아케이드의 기원이었다. 벤야민은 '파사젠베르크(Passagen Werk)' 또는 '아케이드 프로젝트'라고 부른 저작을 죽기 10여 년 전에 필생의 작업으로 시작했지만 결국 끝내지 못하고 1940년에 자살로 생을 마감했다. 파사젠은 회랑(回廊)을 뜻하는 불어 파사

---

132 수잔 벅 모스, 『발터 벤야민과 아케이드 프로젝트』, 김정아 옮김, 문학동네, 15쪽

주(Passage)에서 온 말로 1820년대 파리에서 처음 등장했던 상점가를 가리킨다. 커다란 대로들 사이를 잇는, 유리천장으로 덮인 이 상점가들은 상품들을 대량으로 집결시켜 고객들에게 제공할 목적에서 지어졌고, 양편에 화려한 유리창으로 장식된 상점들이 늘어서 값비싼 사치품들이 거래되는 자본주의의 축소판과 같은 곳이다.

그는 아케이드가 등장한 첫 번째 조건을 직물거래의 번창으로 시작된 신유행품점, 즉 대규모 상품을 가게 안에 상비한 최초의 점포들이 등장하기 시작한 것으로 꼽았다. 이것은 최초의 백화점의 전신(前身)이기도 했다. 두 번째 조건은 철골 건축의 시작이다. 당시 일반 주택은 철재를 건축 재료로 쓰지 않았지만, 아케이드와 박람회장과 같은 일시적인 목적을 위한 건물에 이러한 재료들이 사용되었다.[133] 벤야민은 아케이드를 자본주의의 상품화와 물신화(物神化), 그리고 물건들에 대한 욕망이 날것 그대로 드러나는 곳으로 보았다. 그곳에서 사람들은 새롭고 진기한 물건들에 대한 욕망을 키웠고, 상품은 물신이 되었다. 그는 1855년에 열린 "만국박람회가 상품이라는 물신을 위한 순례자"라고 말했다.[134]

벤야민이 들여다보았던 19세기 중반 프랑스의 아케이드는 1960년대 세운상가와 여러 가지 측면에서 흡사하다. 아케이드

---

133 발터 벤야민, 『아케이드 프로젝트』 조형준 옮김, 새물결, 91–93쪽
134 같은 책, 99쪽

그림 66 19세기 중반 프랑스의 아케이드

가 급격한 산업화와 자본주의 고도화 과정에서 등장했듯이, 세운상가도 경제개발계획과 전 국민 과학화, 조국 근대화를 향해 내달리던 60년대 막바지에 등장했다. 아케이드가 만국박람회와 불가분의 관계였듯이, 세운상가도 전자박람회와 같은 정부 주도 행사와 맞물려 시민들이 새로운 전자 문물에 눈뜨게 하고 라디오와 TV, 전축과 같은 전자제품들에 대한 욕망을 한껏 부채질했다.

한편 세운상가는 중고품과 신품, 정품과 복제품, 미군부대나 군부대에서 불하되거나 불법으로 흘러나온 제품들, 조잡한 포르노 등이 뒤섞인 독특한 공간이기도 했다. 시인 유하는 그의 연작시 〈세운상가 키드의 사랑 1〉에서 이렇게 노래했다.

흠집 많은 중고 제품들의 거리에서
한없이 위안받았네 나 이미, 그때
돌이킬 수 없이 목이 쉰 야외 전축이었기에
올리비아 하세와 진추하, 그 여름의 킬러 또는 별빛

2부. 라디오 자작 문화, '장사동 키드'와 '라디오 보이'의 탄생

포르노의 여왕 세카, 그리고 비틀스 해적판을 찾아서

비틀거리며 그 등록 거부한 세상을 찾아서

내 가슴엔 온통 해적들만이 들끓었네

(중략)

교과서 갈피에 숨겨논 빨간책, 육체의 악마와

사랑에 빠졌지, 각종 공인된 진리는 발가벗은 나신

(중략)[135]

　그에게 세운상가는 중고제품과 해적판, 그리고 포르노처럼 세상이 "등록 거부한" 수많은 것들이 존재하는 곳이었고, 청소년 시절 "빨간책"으로 통했던 음란서적을 구할 수 있는 중요한 통로이기도 했다. 70년대에 세운상가를 찾았던 중고등학생이라면 전자제품을 구경하고 있는 사이 어떤 청년이 슬그머니 뒤에 다가와 "학생, 재미난 거 있어"라고 말하며 소매를 잡아끌던 경험을 해본 사람들이 많을 것이다. 그 사내를 따라가면 좁아터진 밀실에서 형편없는 화질의 외국 포르노를 구경하거나 이제 갓 욕망에 눈을 뜬 소년들이 갈망하던 포르노가 즐비한 비밀 공간으로 인도되곤 했다. 이 시절 세운상가는 전자제품에 대한 갈망, 자작에 대한 꿈, 성적 욕망, 불법 등이 함께 무더기로 소비되던 곳이었다.

135　유하, 1995, 〈세운상가 키드의 사랑 1〉, 『세운상가 키드의 사랑』, 문학과지성사, 92쪽

세운상가, 욕망의 이름으로 나를 찍어낸 곳

내 세포들의 상점을 가득 채운 건 트레이시와 치치올리나,

제니시스, 허슬러, 그리고 각종 일제 전자 제품들,

세운상가는 복제된 수만의 나를 먹어치웠고

내 욕망의 허기가 세운상가를 번창시켰다

후미진 다락방마다 돌아가던 8미리 에로티카 문화 영화

포르노의 세상이 내 사랑을 잠식했다

(중략)

진실은 없었다, 오직 후끼된 진실만이 눈앞에 어른거렸을 뿐

네가 욕망하는 거라면 뭐든 다 줄 거야

환한 불빛으로 세운상가는 서 있고

오늘도 나는 끊임없이 다가간다 잡힐 듯 달아나는

마음 사막 저편의 신기루를 향하여,

(중략)[136]

여기에서 '후끼'는 일본어에서 나온 말로 시집에서는 "중고 제품을 새것처럼 조작하는 기술을 가리키는 은어"라는 설명이 붙어 있다. 그렇지만 시인이 이야기한 "후끼된 진실"은 단지 일

---

136 유하, 〈세운상가 키드의 사랑 2〉, 같은 시집, 98-99쪽

부 상인들이 중고품을 새것으로 둔갑시키거나 고장난 유명 브랜드 일제 전자제품들을 고쳐서 비싼 값에 파는 행위만을 지칭한다고 보기는 힘들다. 그것은 해방 이후 우리나라가 걸어온 근대화의 과정 전체에 대한 은유라고도 볼 수 있다.

사실 따지고 보면 우리나라 최초의 국산 라디오라는 금성사 A-501도 그런 근대화의 한 부분이었다. 세운상가에 대한 기억은 이처럼 욕망과 근대화, 개발과 독재, 중고품 소비와 복제 등이 뒤엉킨 복합적인 곳이었다.

전자전람회와 라디오 조립 경연대회

1969년 11월에 한국정밀기기센터가 주최하는 1회 한국전자전람회가 열렸고, 그 일환으로 라디오 조립 경연대회가 개최되었다. 같은 해인 1969년에 전자공업진흥법이 공포되고, 전자공업진흥기관으로 한국 정밀기기센터가 지정된 것이 중요한 계기였다. 전자공업진흥법은 중화학공업과 방위산업 육성 시책에 따라 6대 기간산업으로 선정된 전자공업의 진흥을 위한 법률적 근거를 마련함으로써, 전자산업의 설비 및 기술의 근대화와 국민경제의 발전에 기여하기 위하여 1969년 1월 28일에 제정되었다. 이 법의 제1조 (목적)은 "이 법은 전자공업을 진흥함으로써 산업의 설비 및 기술의 근대화와 국민경제의 발전에 기여하게 함을 목적으로 한다"라고 되어 있다.[137] 따라서 1969년에 열린 전자전람회와 라디오 조립 경연대회는 철두철미하게 전자공업 진흥법을 실천하는 행사인 셈이었다.

덕수궁 옆 국립공보관 자리에서 8일간 진행한 제1회 한국전자전람회에는 금성사, 남성흥업 등 83개 업체가 참가해 흑백 TV, 라디오, 스피커, 콘덴서 등을 선보였다. 당시 10만 7,000여 명이 관람했고 63건의 기술상담, 25건의 거래 상담이 이뤄졌다. 이후 1976년 한국전자산업진흥회가 설립돼 한국전자전에 참여했다. 1976년 최초로 1억 달러를 초과하는 거래상담 성과를 거뒀으며 1977년 2억 달러, 1978년 3억 달러 거래상담 실적을 달성하며 급속도로 성장했다.[138]

전자전람회가 열리기 전 당시 언론과 가진 한 좌담회에서 이 행사를 주관한 한국정밀기기 센터 소장은 전자전람회와 라디오 조립 경연대회의 의미를 이렇게 설명했다.

이번에 개최하는 전자전람회와 라디오 조립 경연대회는 전자공업진흥을 위하여 착안된 것이며, 영세한 국내전자기업체지만 외국제품을 전시시킴으로써 자신의 입장을 관찰하고 미래를 내다보는 커다란 계기가 될 것으로 보며, 라디오 조립 경연대회는 전자공업에 관심을 갖고 있는 학생들로 하여금 학창

---

137 국가법령정보센터, 전자공업진흥법
138 [한국전자전]1969년부터 한국 전자산업 발전과 함께 한 전시회,《전자신문》발행일 : 2016.10.25 13:00

2부. 라디오 자작 문화, '장사동 키드'와 '라디오 보이'의 탄생

그림 67 [한국전자전]1969년부터 한국 전자 산업 발전과 함께 한 전시회, 《전자신문》 발행일 : 2016.10.25 13:00

그림 68 라디오 조립 경연대회, (출처: 국가기록원)

시절에 이와 같은 기회를 가져보는 것이 좋은 일이라고 생각됩니다. 이는 또한 우리나라가 농촌계몽을 위한 농촌에 Radio 보내기 운동에 동조하는 일환책이기도 합니다. 가까운 일본만 보더라도 가정에서 직접 라디오를 조립하여 수출하고 있으며, 우리나라도 서민아파트에서 이와 유사한 경우가 있는 것으로 알고 있습니다. 이를 통해 품질향상 및 저렴한 가격으로 쉬이 라디오를 만들 수 있다고 보는 바입니다.[139]

또한 센터의 훈련부장은 라디오 조립 경연대회의 목표를 이

---

139 좌담회 "제1회 한국전자전람회 라디오 조립 경연대회를 앞두고", 《전자과학》 1969년 11월호, 122-123쪽

렇게 말했다.

금번 11월 15, 16일 양일에 걸쳐 개최키로 한 Radio 조립 경연대회는 ①전자공업에 대한 국민의 관심앙양 ②전자기술의 생활화 및 과학기술의 실용화촉진 및 가내공업 촉진으로서 궁극적인 수출확대에 그 목표를 두고 있습니다. 국민학교반 표준형 2석, 중고등학교반 표준형 6석의 경연대회에 대비해서 당 센터로서는 강습회를 11월까지 개최할려고 생각합니다. 지방은 각 실업고등학교와의 합의하에 실시할 예정이며, 서울 시내는 주요고등학교와 FIC(한국정밀기기센터)가 직접 실시할 계획으로 있습니다.

좌담회의 내용을 통해 알 수 있듯이, 이 행사는 당시 정부의 수출 드라이브 정책과 농어촌 라디오 보내기 운동 등과 밀접하게 연계되어 있었다. 서민아파트에서 수출을 위한 라디오 조립을 장려하고, 가내공업을 촉진해서 수출 증진에 기여하고, 선진국의 제품들을 전시해서 국내 업체들의 발전을 자극한다는 의도, 즉 "전자제품에 대한 관심 앙양과 수출증대라는 궁극적 목표"(기술부장)가 뚜렷하게 드러나고 있다. 전자진흥부장은 당시 보급되던 라디오 키트의 가격이 "학부모들의 부담을 덜고 원래 목적인 넓은 보급을 위해 생산업자로 하여금 1,600원(생산원가)으로 보급하도록 주지하고 있다"고 말했다.[140]

그림 69 1회 전자전람회와 라디오 조립 경연대
―――― 회 광고문.《전자과학》1969년 12월호

그림 70 3회 전자전람회를 보도한 기사. 박정
―――― 희 대통령이 참관하는 모습이 실려 있
다.《전자과학》1972년 11월호 41쪽

과학교재사와 '키트'의 등장

우리나라에서 라디오 자작 문화가 형성되는 데 크게 기여한 공로자로 과학교재사와 키트를 빼놓을 수 없다. 라디오나 모형을 조립하는 데 필요한 부품과 기판이 구비되어 있고 조립방법까지 상세히 적혀 있는 설명서가 한 상자 안에 들어 있는 것을 흔히 '키트(kit)'라 부른다. 우리나라에서 라디오를 비롯한 모형 공작 키트가 정확히 언제 시작되었는지 그 유래는 정확하지 않지만, 키트가 나오기 위해서는 무엇보다 안정된 부품 생산이 뒷받침되어야 하고, 키트를 이용하는 수요자 층이 형성되어야 했다. 라디오 부품 광고는 《전파과학》이 창간된 1959년부터 실리고 있으며, 키트 광고는 59년 8월호에 일제 수퍼 키트, "트리오(trio)와 나쇼날(national) 3500환"이라는 광고가 처음 실렸다. 초기의 부품들은 주로 일제를 비롯한 외국산이 수입 판매되었다.

키트가 대량생산된 것은 1960년대 이후 자작 애호가들의 숫자가 늘어나고, 라디오 조립 경진대회와 자격검정시험과 같은 제도가 수립되고, 공교육에서 정규 수업으로 키트 조립이 일반화된 이후의 일이었다.[141] 우리나라에서 키트 문화가 정착하

---

140 같은 기사, 129쪽

141 《학생과학》 1974년 11월호에는 중3 교과서에 실린 '4석 트랜지스터 라디오' 키트의 조립방법과 주의점을 다룬 기사가 실렸다. "하이돈 키트라는 상품명으로 판매되고 있는 4석 라디오(쥬피터 키트)는 실습 교재가 될 뿐 아니라 포터블 트랜지스터를 자작소유하고 싶은 독자들에게 권하고 싶은 것의 하나이다. 조심스럽게 배선하고 땜질한다면, 초보자라도 정확히 완성시킬 수 있을 것으로 본다"《학생과학》 1974년 11월호, 108-109쪽

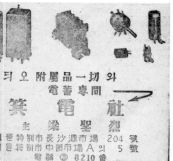
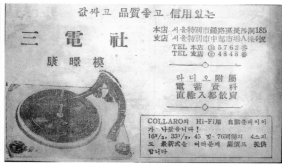

는 과정에서 60년대 중엽에 처음 등장한 '과학사'나 '과학교재
사'[142]라 불린 독특한 공간이 중요한 역할을 했다.

　1964년에 개업한 합동과학교재사는 우리나라 최초의 본격
적인 과학교재사로 당시 라디오 보이들은 물론 모형 제작에 심
취했던 많은 청소년들에게 중요한 공간이었다. 합동과학교재
사 본사는 서울 중구 필동에 점포가 있었고, 신촌에 제작공장이
있었다. 제작공장에는 금형과 프레스까지 갖추었다고 한다.[143]

　다음 광고에서 알 수 있듯이, 초기 과학교재사들은 일반 모
형과 전자 키트를 모두 다루었다. 광석 라디오와 2석 트랜지스

142　이런 명칭이 붙은 이유는 분명치 않다. 호사가나 자작 애호가들에게 공작 재료와
　　　키트를 생산 및 판매하는 공간이기도 했지만, 더 중요하게는 각급 학교와 학원 등
　　　의 교재와 교구 공급처로서 스스로를 규정한 것으로 보인다.
143　《학생과학》 1967년 3월호 기사. 인터넷 사이트 〈더 멋진 신세계(Braver new
　　　world)〉에서 재인용

그림 72 최초의 과학교재사 합동과학사 (출처: 서울 SF 아카이브)

터 라디오 키트의 가격은 각기 300원과 980원이었고, 키트 외에 완성품 가격이 따로 있었던 것이 흥미롭다. 1960년대 말엽 서울 물가로 라면 한 그릇이 20원, 짜장면이 30원 가량 했던 것을 생각하면 싼 가격은 아니었다.

그 무렵 국민학교 고학년으로 시구문(현재 광희문) 근처에 살았던 필자에게 합동과학사는 꿈의 공간이었다. 학교를 파하면 마치 성지순례를 하듯, 광희동 집에서 필동까지 걸어서 합동과학사 진열장 앞에 서서 몇시간이고 모형 엔진 비행기와 일제 키트들을 구경하곤 했고, 오랫동안 용돈을 모아 합동과학사의 모형 지프차를 만들었던 기억이 있다. 필자는 부끄럼을 많이 타고 숫기가 없어서 소소한 부품이나 키트를 사러 갈 때를 제외하고는 안에 잘 들어가지 못했지만, 당시 집안 형편이 좋은 학생들은 이곳에서 과학사 직원과 함께 값비싼 모형 항공기 조립을 지도받곤 했다. 또한 비슷한 관심을 가진 학생들이나 애호가들이 이런 공간을 통해 교류하고 소통하는 공간이기도 했다. 따라서 당시 과학교재사는 단순한 부품이나 키트 판매소에 그치지 않고, 자작 문화를 선도하고 떠받치는 물리적 공간이자 사랑방과 같은 역할을 했다.

그림 73 《학생과학》창간호(1965년 11월호)
———— 에 실린 합동과학교재사 광고

그림 74 《학생과학》공작 대리부 광고. 《학생
———— 과학》1968년 3월호 광고

그림 75 《학생과학》1971년 8월호에 실린 아
———— 이디어회관 광고

그림 76 《학생과학》 1971년 8월호에 실린 광고

또한 동아교재사가 중구 광희동에 영업부로 '아이디어 회관'
이라는 점포를 열었고 이후 '아카데미 과학교재사'로 바뀌었다.
아카데미 과학교재사는 서울 남영동과 지방에 분점을 계속 열
었고, 부산을 비롯한 여러 도시에서도 취미과학사를 비롯해서
많은 과학교재사들이 문을 열었다. 학생과학도 세운상가에 자
체 '공작 대리부'를 열어서 자작 취미를 가진 청소년들의 조립
을 도왔고, 다양한 전자 키트를 생산했다.

국내 메이커 운동[144]의 중요한 그룹인 언메이크랩은 2016

---

144 '메이커(Maker) 운동'은 2000년대 이후에 시민과학(citizen science)의 일환으
로 전 세계적으로 확산된 움직임이다. 자세한 내용은 다음을 참조하라. 김동광,
2018, "메이커 운동과 시민과학의 가능성", 『과학기술학연구』 18권 2호, 통권
36, 95-134쪽

년에 발간한 『키트의 사회문화사』에서 키트의 역할을 이렇게 적극적으로 평가했다. "키트는 만질 수 있는 지식이자 도구이다. 또한 키트는 미완의 만들기 템플릿으로 그것 자체가 '땜질(Tinkering)' 혹은 '창제작(Making)'을 기반으로 한다. 한편 키트는 거대과학, 공학기술을 개인 자작 문화와 연결하는 매개물이기도 하면서, 그것 자체가 기술문화사에서 독립적으로 다룰 수 있을 만큼 다양성을 가지고 있는 대상이다. 실용적 소유를 목적으로 하는 반제품 키트부터 부품과 재료의 조립과정을 통해 사물의 작동원리나 구조를 이해할 수 있는 '조립 키트', 생각을 개발하고 자신의 사고를 실험할 수 있는 '메타 키트', 취미문화를 기반으로 '프라모델 키트'에 이르기까지 시대의 사회상과 활발하게 교류하는 매체이다."[145]

라디오 자작 문화의 측면에 한정하면, 키트는 라디오 자작 애호가들의 층을 크게 늘리는 데 기여했다. 다음 절에서 다룰 과학잡지의 공작 기사가 큰 도움이 되기는 했지만, 개인이 직접 부품을 모아서 라디오나 일렉트로닉스 제품을 완성시키기는 많은 어려움이 따랐고, 서울이나 부산과 같은 대도시가 아닌 경우에는 특히 부품 구입이 쉽지 않았다. 또한 전자공학에 대한 지식이 없는 애호가들이 회로도와 실체배선도에 나와 있는 대로 아무리 열심히 조립을 해도 성공하는 확률은 그리 높지 않

---

145 언메이크랩 송수연, 최빛나. 2016. 『키트의 사회문화사』, 비매품, 6쪽

았다. 큰맘 먹고 애써 부품을 모아서 조립을 해도 라디오나 와이어리스 마이크, 트랜시이버(무전기) 등이 제대로 작동하지 않아 낭패를 보는 경우가 허다했다.

초기 키트에 들어간 부품들의 질이 들쑥날쑥해서 키트 조립이 반드시 성공한다는 보장은 없었다. 1회 라디오 조립 경연대회 준비 좌담회에서 전자진흥부장은 당시 시중에서 판매되는 키트가 "설명서가 불충분하고, 회로 자체도 게르마늄을 이용한 것이라 망가지기 쉽다"고 문제를 제기하면서, "이 분야에 소질이 있어 모처럼의 기회를 가져 조립을 한 경우 소리가 제대로 나지 않는다든가 한다면 과학을 전문적으로 배우기 이전 단계의 학생들로 하여금 실망을 가져올"[146] 우려가 있다고 말했다. 이처럼 초기 키트의 품질에 문제가 있었지만, 개인이 장사동이나 청계천을 돌며 부품을 구하는 어려움을 덜어주고 조립 방법과 납땜 요령을[147] 알려주는 설명서가 들어 있고, 정 답답하면 제작사로 전화를 걸어 하소연이라도 할 수 있다는 점에서 키트는 많은 애호가들의 사랑을 받았다.

---

146 좌담회 '제1회 한국전자전람회 라디오 조립 경연대회를 앞두고',《전자과학》1969년 11월호, 123쪽

147 특히 열에 약한 광석과 트랜지스터 소자의 납땜이 어려웠다. 앞에서 소개한《학생과학》1974년 11월호 '중3 실습 교재 4석 트랜지스터 라디오' 기사에서도 이 점을 강조하고 있다. "트랜지스터와 게르마니움 다이오드의 납땜은 비교적 빠른 시간내에(약 2초 내외) 끝내야 하며, 너무 오랫동안 인두를 대고 있으면 파손될 우려가 있으므로 이 점에 특히 유의하기 바란다."

청소년을 위한 종합 과학잡지와 공작(工作)[148] 기사

우리나라의 종합 과학잡지는 1950년대 후반부터 발간되기 시작했다. 그중에는 과학세계사가 1958년에 처음 발간한 《과학세계》, 한국발명협회가 1963년에 발간한 《과학과 발명》, 그리고 과학세계사가 1964년에 발간한 《과학세기》와 같은 과학잡지들이 있었다. 이 과학잡지들은 '잡지(雜誌)'라는 말이 뜻하는 것처럼 당시 관심이 모아지던 우주탐험과 같은 과학 소식에서부터 세계적인 과학자들에 대한 소개, 과학지식과 상식, 과학만화와 소설 등 잡다한 주제들을 모두 다루었다.[149] 그렇지만 《전파과학》과 같은 특정 주제를 중심으로 한 잡지와 마찬가지로 과학 계몽을 중요한 축으로 삼았다. 《과학세계》 1958년 10월호 권두언에서 용산고등학교장 맹주헌은 이렇게 말했다.

> 오늘의 세계는 과학의 세계요, 과학의 전쟁입니다. 제2차세계대전에서 일본이 무조건 항복한 것도 과학의 힘이 모자라기 때문이었습니다. 나가사끼와 히로시마에 원자탄 한방씩 때문

---

148 우리나라에서는 과학잡지들에서 공작(工作)이라는 용어가 자작(自作)이라는 말보다 더 많이 쓰였다. 이것은 서구에서 'craft', 즉 기계가 아니라 손으로 하는 작업이나 그 산물이라는 말이 뜻하는 것과도 미묘한 차이를 가진다. 대개 공작은 라디오나 기계장치 등에 적용되었고, 도예나 일반적인 공예와는 다른 것으로 분류되었다. 이 점에 대해서는 추후 연구가 필요할 것이다.

149 권보드래를 비롯한 저자들은 우리나라 근대 잡지의 효시를 이룬 《소년》의 특색을 근대잡지 특유의 잡종성에서 찾았다. 우리나라 최초의 종합 과학잡지들도 이런 잡종성을 띠고 있었다고 볼 수 있다. 권보드래외 『'소년'과 '청춘'의 창-잡지를 통해 본 근대 초기의 일상성』, 2007, 이화여자대학교 출판부, 11쪽

이었습니다. 그후 세계 각국은 이 과학의 힘을 더 쓰기 시작하여, 지금은 원자탄의 성능이 몇십 갑절되는 것과 수소탄, 로켓트 유도탄 등등 무시무시한 발달을 보게 되었습니다. 미국을 주로 한 자유국가와 소련을 주로 한 공산국가의 대결도 이 과학이 어느 편이 더 발달되었느냐에 하는데 있는 것입니다. 우리는 모든 면이 남의 나라에 뒤떨어졌습니다마는, 이 과학분야가 더욱 뒤떨어졌습니다. 이 나라를 이어받을 청소년 학생들은 이 과학에 힘써서 제군들이 이 나라의 주인공이 될 때는 온 세계에서 우리 나라가 주도권을 갖도록 하여야 하겠습니다.(중략)[150]

이 짧은 글은 당시 과학기술에 대한 태도를 잘 요약해주고 있다. 일본이 패망한 것이 과학의 힘이 모자라기 때문이며, 오늘날 세계는 과학 전쟁을 치르고 있고, 자유진영과 공산진영의 대결도 과학으로 판가름되기 때문에 모름지기 과학을 발전시키는 것이 우리의 살 길이라는 주장이다.

《학생과학》은 과학세계사가 청소년을 위한 과학잡지로 1965년 11월에 창간했다.《학생과학》은 어린 시절 과학자를 꿈꾸면서 모형 자동차를 만들거나 광석 라디오를 조립해본 사람들에게는 보물과도 같은 존재였다. 당시 필자처럼 새 책을 사

---

[150] 맹주천, "과학하는 마음을 기르자",《과학세계》1958년 10월호, 14쪽

그림 77 과학세계사가 발간한 《과학
세계》 1958년 10월호 표지

그림 78 한국발명협회가 발간한 《과
학과 발명》 1963년 9월호

는 것은 언감생심, 꿈도 꿀 수 없었던 소년들은 청계천 헌책방
을 돌면서 철지난 《학생과학》 과월호를 여러 권씩 헐값으로 사
서 탐독하곤 했다. 특히 그중에서도 일제 F15 모터를 이용한 자
동차나 보트, 049 엔진을 이용한 U/C(유선조종), R/C(무선조종)
비행기 등의 자작 기사는 하도 많이 읽어서 나중에는 달달 외
울 지경이 되곤 했다. 그만큼 학생과학은 당시 어린 학생들이
과학과 공작의 꿈을 키우게 한 중요한 매체였다.

학생과학은 '실험 관찰', '공작 사용법', '과학자 전기', '과학
소설(SF)', '과학만화' 등의 고정 기획으로 구성되었고, 이외에
도 '퍼즐', '무엇이든지 물어보세요', '해외 과학계 소식', '국내
과학자의 청소년 시절', '과학영어' 등 말 그대로 교양과 학습,

그림 79 과학세계사가 발간한 《과학
───── 세기》 1965년 11월호

공작을 망라한 종합 과학지의 면모를
두루 갖추고 있었다. 그러나 그중에서
도 라디오 보이들의 관심을 끈 것은 '공
작' 코너였다. 창간호에는 '850원짜리
2석 리플렉스 라디오 만들기', '달의 분
화구가 보이는 천체망원경 만들기', '고
무동력 모형비행기 만들기' 등이 자세
한 그림과 함께 실려 있었다.

3구 앰프, 5석 라디오, 인터폰, 와이
어리스마이크, 도청기 등 만능 기판을
이용해서 자작이 가능한 전자 공작은 마음속에 '도전해보고 싶
은' 욕망을 꿈틀거리게 만든 기사들이었다. 이런 공작 기사에서
실체배선도는 전자공학에 대한 지식이 짧은 학생들에게 중요
한 요소였다. 특히나 회로도에 나와 있는 접지 표시는 회로도만
으로 조립을 시도하는 사람들에게 넘기 힘든 난관이었다. 이러
한 실체배선도는 《학생과학》뿐 아니라 《전자과학》, 《라디오와
모형》 등 다른 잡지들에서도 많이 실렸다.

다음 그림은 《전자과학》 1969년 11월호에 실린 '고1 라디오
달린 6BQ5 싱글암프'의 회로외 실체배선도이다. 대부분의 전
자기기 공작 기사는 사진처럼 상세한 설명과 함께 실제 부품을
그려놓은 '실체배선도'를 넣어서 아직 전자회로를 읽을 능력이
없는 초보자들이 그림만 보고도 단순 조립을 해서 라디오 공작

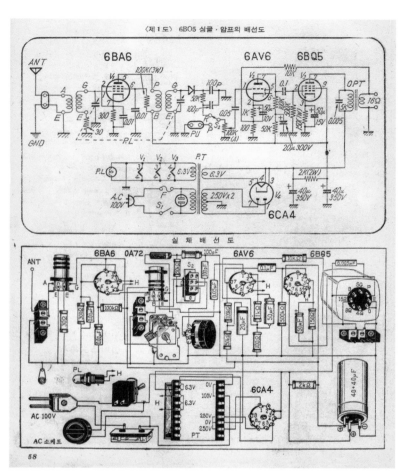

그림 80 '고1 라디오 달린 6BQ5 싱글암프' 배선
도. 《전자과학》 1969년 11월호. 58쪽

에 대한 재미를 느낄 수 있게 하도록 노력했다.

학생들 사이에서 '라모'라는 약칭으로 통했던 《라디오와 모형》은 1976년 4월에 창간되었다. 공작(工作) 문화에서 라디오가 가지는 의미는 매우 컸다. 《라디오와 모형》이라는 잡지명에

그림 81 《라디오와 모형》 1977년 7
월호 표지. '과학의 생활화를
위한 잡지'라는 선전문구가
보인다.(자료제공: 서울SF아
카이브)

그림 82 《학생과학》 창간호 표지. (자
료제공: 서울SF아카이브)

서도 알 수 있듯이, 라디오는 자작 문화에서 중심적인 역할을
했다. 만들기, 즉 공작을 좋아하는 소년들에게 라디오 조립은
일종의 통과의례와도 같았다. 가령 "너, 그거 조립해봤어?"라고
시작되는 라디오 보이들의 대화에서 이른바 고수(高手)와 하수
가 나뉘었다. 광석 라디오는 가장 낮은 단계이고, 라디오를 거
쳐 트랜시이버와 같은 무선기기, 그리고 앰프와 아마추어 무선
의 높은 단계로 나아갔고 스테레오 앰프를 꾸며서 나만의 오디
오를 가지거나 아마추어 무선을 하는 것은 라디오 보이들에게
로망이었다.

　대개의 경우, 초등학교 시절에 자동차나 고무줄 동력 비행기
등 프라모델 조립에 열광하던 아이들이 중학교에 진학하면서

부터 라디오와 오디오, 아마추어 무선
등으로 옮아가는 것이 일반적인 경향
이었다. 이러한 경향은 당시 소년과 청
소년을 대상으로 했던 과학 잡지들의
구성에서도 찾아볼 수 있다.

그림 83 『007제작집』에 실린 《라디
──── 오와 모형》 광고

《학생과학》보다 10여 년 늦게 발간
되었던 이 잡지는 제목에서 알 수 있듯
이 1950년대와 60년대의《전파과학》과
《전자과학》을 읽기에는 전자공학이나
회로에 대한 이해가 떨어지는, 단순 취
미를 위한 라디오 보이들을 위한 수요
를 충족시켰다고 할 수 있다. 종합과학지인《학생과학》에 감질
나게 실리는 라디오 공작 코너로는 만족할 수 없었던 70년대의
라디오 보이들에게는 전자기기 공작이 더 많은 지면을 차지하
는 '라모'가 큰 인기를 누렸다.

라디오 기술문화의 형성에서 종합 과학잡지와 전자 관련 잡
지들이 수행한 역할은 지대했다. 유조 다카하시는 전후 일본에
서 라디오 조립 붐을 일으킨 가장 중요한 요소를 라디오 잡지
로 꼽았다. "잡지는 소년들이 라디오에 대한 실험을 하도록 장
려하고, 독자들에게 어떻게 수신기를 만들고 수리하는지 가르
치고, 새로운 기술을 설명하는 역할을 수행했다." 전쟁 직후에
는 주로 고장난 라디오를 수리하는 데 초점이 두어졌지만, 이후

전쟁 폐물에서 부품을 빼내 라디오를 조립하게 되었다. 자작 문화가 꽃피었던 황금기에 주요 라디오 잡지들은 매달 4만 부 정도가 팔릴 만큼 인기가 높았다. 또한 이 잡지들은 "부품 제조업자와 자작가 모두의 공통된 이해관계를 기반으로" 삼았다. 아마츄어 자작가들은 잡지를 통해 부품에 대한 정보와 구입처를 알게 되고, 부품 제조업체들은 잡지에 광고를 내서 판매를 높일 수 있기 때문이다. 실제로 부품 제조업체의 엔지니어들이 직접 잡지에 기술관련 기사를 쓰기도 했다. 따라서 라디오의 '비공식 부문'에서 잡지는 중추(pivotal) 역할을 수행했다.[151]

우리나라의 라디오 관련 잡지들도 똑같이 중요한 역할을 수행했다. 과학사와 과학교재사들이 물리적 공간으로 기여했다면, 잡지는 전국의 독자들이 정보를 얻고 라디오와 일렉트로닉스 제품들을 조립하는 방법을 학습하고, 우편을 통해 부품을 주문할 수 있는 중요한 통로 구실을 했다.

또한 이들 잡지들은 전자 부품이나 키트의 정보를 제공했으며, 세운상가와 장사동 일대에서 구할 수 있는 전자부품과 그 가격을 조사해서 거의 매달 잡지의 고정 기사로 상세한 가격표를 제시했다는 점이 흥미로운 특징이었다. 부품과 공구 등의 가격 정보는 1959년에 발간된 《전파과학》부터 시작되었다. 아래

---

151 Yuzo Takahashi, 2000, "A Network of Tinkerers: The Advent of the Radio and Television Receiver Industry in Japan", Technology and Culture , Jul., 2000, Vol. 41, No. 3 (Jul., 2000), p.470

그림은 《라디오와 모형》 1977년 7월호에 기사로 실린 '이달의 물가'이다. 가장 중요한 부품인 트랜지스터와 다이오드, 트랜스, 저항, 그리고 라디오 공작을 위해 필수적인 공구인 납땜 인두와 라디오 펜치 등의 종류와 가격이 상세하게 적혀 있어서 부품을 구입하려는 초보자들에게 좋은 자료가 되었다. 핵심 부품인 트랜지스터는 가장 싼 것이 70원이고 비싼 것은 1,000원이 넘었다. 1977년 당시 서울 지역의 다방 커피 한잔이 평균 118원이고, 짜장면 한 그릇이 200원이었던 것을 감안하면 대략 이런 부품의 가격을 짐작할 수 있다. 이런 부품들을 모아서 라디오나

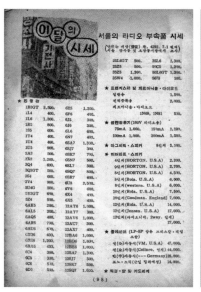

그림 84 《전파과학》 1959년 8월호 98쪽에 실린 '이달의 시세.' 진공관이 주종을 이루고 있으며, "1959년 7월 1일 현재 장사동과 오장동 시장에서 조사"라고 명시되어 있다. 가격 단위는 1962년 화폐개혁 이전이라서 '환'이다.

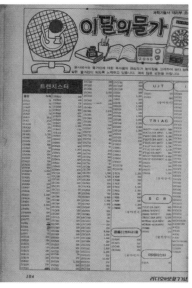

그림 85 《라디오와 모형》 1977년 7월호에 실린 전자부품 가격표. 트랜지스터가 가장 먼저 실려 있다. 가격단위는 '원'이다.

앰프를 꾸미는 데에는 상당한 돈이 들었다.

당시 라디오 보이들은 평소 잡지에서 눈여겨보았던 전자기기를 만들기 위해 세뱃돈이나 용돈을 모았다가 납땜인두와 부품을 하나씩 구입해서 조립하곤 했다. 그런데 일부 잡지에 실리는 회로도나 실체배선도는 일본에서 나온 자료를 그대로 베껴써서 실제로 우리나라에서는 쉽게 부품을 구하기 어렵거나 힘들게 부품을 구해 조립해도 작동이 되지 않아 속을 태우는 경우도 많았다.

「419회로집」과 「007제작집」

잡지에 실리는 공작 코너로는 성이 차지 않는 실력파 라디오 보이들이 늘어나고 새로운 회로에 대한 수요가 증가하자 본격적인 라디오 회로집들이 발간되기 시작했다. 그리고 그 중심에 과학기술사의 김병진이라는 사람이 있었다. 안타깝게도 김병진에 대한 기록이 남아 있지 않아서 그가 어떤 사람이었는지는 알 수 없지만, 과학기술사라는 출판사를 경영하면서 『419회로집』을 시작으로, 『516회로집』, 『815회로집』, 『007제작집』 등 수많은 회로집을 발간해서 이 시절의 라디오 보이들에게는 잊을 수 없는 이름이었다.

419, 516, 815 등 회로집에 붙은 명칭은 특별한 정치적 의도는 없었고, 단지 회로집에 들어간 전자 회로의 숫자를 당시

그림 86 419개의 회로가 들어 있는
——— 『419회로집』표지

그림 87 일본에서 1950년대에 나온
——— 『401회로집』. 당시 일본에서
먼저 이런 식의 회로집 이름
이 사용되었다는 것을 알 수
있다.

그림 88 1970년에 발행된 1집. 『007제작집』
——— 은 6집까지 발행되었다. 오른쪽은 1집
목차

역사적 사건들과 결부지었던 것이었다. 1969년 5월에 발간된 『419회로집』 앞머리에서 저자인 김병진은 회로집을 발간한 취지를 이렇게 설명했다.

무엇을 제작할 때나, 설계할 때, 혹은 참고상의 필요로 어떤 회로를 찾으려고 수 10권의 책을 이것 저것 찾아보다가 시간은 지나고 마땅한 회로 하나 찾지도 못한 많은 허탕의 경험들을 우리는 겪어왔습니다. 여기에 오는 체계적으로 분류된 회로들이 필요성에서 꾸며진 것이 바로 『419회로집』입니다.

악순환의 혼돈 속에서 4·19는 필연적인 과정이었듯이 이 회로집 역시 필연성에서 온 것이지만, 벅찬 사명을 『419회로집』만으로 감당해낼 수 없어서 앞으로 발간하게 될 『516회로집』과 쌍봉을 이루게 될 것입니다(김병진 1969: 5).

『007제작집』은 1970년에 처음 발매되었고, 독자들의 뜨거운 호응에 힘입어 무려 6집까지 발간했다. '007제작집'이라는 이름은 1960년대 냉전시기에 탄생해서 지금까지도 상당한 인기몰이를 하고 있는 스파이 영화 007 시리즈에 첨단 전자장비가 많이 등장했기 때문에 붙여진 것으로 생각된다. 이 제작집의 특징은 그림 88의 목차에서 볼 수 있듯이 라디오나 앰프와 같은 실용적인 전자기기가 아니라 라디오에 무선신호를 보내 통신장치나 무선마이크로 쓸 수 있는 와이어리스 마이크, 출력이

약해서 전파허가를 받지 않고 쓸 수 있는 워키토키인 트랜시이버, 비행기나 자동차를 조종할 수 있는 무선조종(R/C) 송수신기 등 당시 라디오와 모형 공작 애호가들이 두루 좋아할 만한 신기한 전자 장치들의 회로도와 실체배선도가 상세히 들어 있었다. 1970년에 1집 초판이 발행되었고 마지막 6집은 1974년에 발간되었다. 이 시리즈는 1981년에 21판이 나올 만큼 인기가 높았다.

그림 89 ── 1집에 실린 '무선조종 자동차 꾸미기' 기사

1970년대에 발간된 『007제작집』이 자작을 꿈꾸는 청소년들에게 큰 인기를 누렸다는 것은 1960년대 이후 급속한 경제성장이 이루어지면서 2세대 자작 문화가 점차 실용성의 강박에서 벗어나 순수한 취미 즐기기로 조금씩 바뀌고 있음을 시사했다. 그렇지만 선진국처럼 말 그대로 과학이나 기술을 즐긴다는 것은 아직도 요원한 일이었다. 앞에서 설명했듯이 우리나라에서 과학이 받아들여진 경로는 일제 강점기와 해방에서 60년대의 경제개발 5개년 계획과 전 국민 과학화 운동에 이르기까지 근대사의 굴곡을 그대로 거치면서 과학입국과 조국 근대화, 애국주의와 국가경쟁력이라는 이념들이 깊이 내장되었기 때문이다.

그런 면에서 과학기술사의 김병진이 1975년에 무선조종 기술을 다룬 『라디콘 기술입문』이라는 책의 머리말에서 한 말은 의미심장하다. 그는 머리말에서 이렇게 말했다.

근년에 와서 경제적 어려움에도 불구하고 우리 전자공업의 발달은 계속 상향의 길을 걸어왔고, 따라서 기술자와 기능인의 질적, 양적 향상도 컸습니다. 그 일례로 국제기능올림픽에서의 입상을 들 수 있습니다.

우리는 이렇게 우수한 자질을 가지고 있으면서도 아직 세계의 과학기술계에서 뒤떨어져 있는 부면이 하나 둘이 아닙니다. 이 라디콘 기술도 그중의 하나가 아닌가 생각됩니다.(중략)

오늘날의 라디콘이 모형(비행기, 보우트, 자동차, 탱크 등)을 주로 하고 있지만 그 원리와 기구는 최고의 무선기술과 정밀한 기계기술, 연료나 도료의 화학기술이 합쳐진 결정인만큼 현대 과학기술의 정점이라고 할 수 있습니다.

뿐만 아니라 멀리 떨어진 위치에서 물체를 자유로이 조종할 수 있다는 것은 즐거움과 매력이 넘치는 과학도의 도락이 아닐 수 없습니다.(후략)[152]

이 글을 통해 김병진은 1970년대 중반에 전자공업의 발달과 기술 인력의 증가와 질적 능력 향상이 이루어졌지만 라디콘 기술이 아직 선진국에 뒤떨어졌다고 지적하면서 라디콘 기술이

---

152 김병진 편저, 1975, 『라디콘 기술입문』, 라디오기술사, 2쪽

단지 모형비행기나 자동차에 그치지 않고 첨단 기술의 결정체라는 점을 분명히 하고 있다. 따라서 그가 『007제작집』을 발간한 이유도 여기에서 상당 부분 설명된다. 모형 자동차와 비행기를 만들다 보면 실제 비행기와 자동차, 그리고 전자장치들의 작동원리를 이해할 수 있게 된다는 것이다. 따라서 '007'이라는 흥미로운 명칭을 붙였지만, 그 밑에 여전히 실용성을 내재하고 있는 셈

그림 90   1975년에 발행된 『라디콘
———   기술입문』 표지

이다. 그러나 그는 "뿐만 아니라" 이후에서 "조종의 즐거움과 매력이 과학도의 도락"이라는 것도 인정하고 있다. 김병진의 이 짧은 글은 당시 자작 문화가 받아들여지는 방식을 잘 보여주고 있다.

'전파상'이라는 공간

요즈음은 대도시는 물론 중소 도시에서도 찾아보기 힘들어졌지만 과거에 전파상은 어느 동네에나 친숙한 풍경이었다. 전파상은 형광등이나 백열전구와 같은 전기재료, 라디오를 비롯한 전자제품의 판매 수리를 모두 담당했던 곳이었고, 진열장에는 최신 모델의 국산과 외국산 라디오와 앰프, 야외전축(야전),

TV 등이 전시되어 있어서 라디오 보이들에게는 선망의 공간이었다.

필자도 60년대에 전파상에서 처음 로켓트 광석 라디오를 보고 전파상 진열장에 매달려 몇 시간씩 구경을 하던 기억이 있다. 로켓트 광석 라디오는 미국과 일본의 동일한 로켓트 광석 라디오를 복제한 것이었다. 당시 "경제적이다, 영구적이다, 약이 들지 않는다"라는 선전문구에서도 볼 수 있듯이 광석 라디오는 전지가 필요하지 않아서 값비싼 건전지를 사지 않고도 라디오를 들을 수 있었다. 안테나 선을 연결하거나 철조망이나 함석 물받이, 수도꼭지 등 주위에 있는 금속성 구조물이면 어디에나 집게를 집으면 안테나 역할을 했기 때문에 큰 인기를 누렸다. 로켓 모양의 라디오 위쪽에 달린 꼭지를 뽑았다 넣었다 하면서 방송 주파수를 맞추었고, 볼륨은 물론 없었다.

전파사는 새로운 전자제품을 판매하기도 했지만, 동네 사람들에게는 가전제품에서 라디오까지 고장난 전기와 전자제품을 수리하는 곳이었다. 특히 라디오 보이들에게 이곳이 중요했던 이유는 라디오 조립에 필요한 공구들이 완비되어 있기 때문이었다. 전파사에 들어서는 순간 평소 가지고 싶었던 전문적인 공구들과 값비싼 건전지들이 쌓여 있는 모습에 눈의 휘둥그레지기 마련이었다. 필자를 비롯해 라디오 보이들에게 가장 탐난 물건은 전파상 아저씨가 쓰고 있던(휘두르고 있던?) 권총형 인두였다. 웰러와 같은 외국산이나 일제가 대부분이었고 나중에 산

야전기에서도 생산한 권총
인두는 권총처럼 생겨서 끝
에 인두 팁이 달려 있고 앞쪽
에 꼬마전구가 있어서 스위
치(방아쇠)를 당기면 불이 환
하게 들어오고 금세 달궈져
서 납땜이 가능한, 그야말로
선망의 대상이었다.

라디오 조립을 위해 필요
한 공구들은 모두 갖추려면
꽤 비용이 들었다. 특히 호
주머니가 가벼운 중고등학
생들에게 비싼 전문적인 공
구는 그림의 떡이었다. 위의

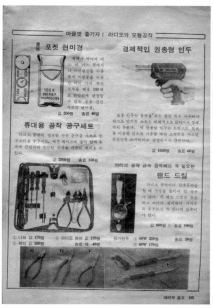

그림 91 《학생과학》 1968년 3월호에 실린 광고. 권
———— 총인두 광고가 보인다.

1968년 광고의 가격표에도 나오듯이 아래쪽의 막대형 60W 일
반 인두가 170원인데 비해 권총형 인두는 1,550원으로 10배 가
까이 비쌌다. 라디오 펜치도 필수적이었는데, 특히 트랜지스터
소자는 열에 약해서 납땜에 능숙하지 못한 아이들이 망가뜨리
기 쉬웠다. 따라서 주둥이가 긴 라디오 펜치로 다리를 잡고 납
땜을 해야 열이 라디오 펜치로 옮아가서 비싼 트랜지스터나 광
석이 열로 망가지는 사태를 막을 수 있었다.

어렵사리 마련한 광석 라디오가 접촉이 불량해서 찾아간 전파상에서 아저씨가 권총인두를 꺼내 페이스트(송진)에 한번 담 갔다가 흰 연기를 피워올리며 실납을 녹여 어렵지 않게 광석 라디오를 고쳐주던 모습은 마치 서부영화에서 악당을 물리치는 총잡이를 연상케 하면서 어린 라디오 보이들은 전파상 주인을 꿈꾸기도 했다.

전파상에서 라디오 보이들을 황홀하게 만든 또 하나의 물건은 건전지였다. 당시 건전지 가격은 만만치 않았고, 특히 소형 라디오에 많이 들어가던 9V 건전지는 값도 비싸고 수명도 얼마 가지 않아서 호주머니를 털어 샀지만 얼마 지나지 않아 '약이 닳아' 라디오 보이들의 속을 태웠다. 지금은 문을 닫은 호남전기의 로케트 건전지는 당시 '로켓 보이' 로고와 함께 가장 많이 사용하던 건전지였다.

당시에는 전반적인 전지 기술이 부족해서 소형 배터리로는 얼마 라디오를 듣지 못했고, 많은 사람들은 커다란 6V나 9V 배터리에 라디오를 고무줄로 동여매서 가지고 다니곤 했다. 그 무렵 작은 트랜지스터[153]에 커다란 배터리를 고무줄로 동여매고 일요일 장충단 공원에 산책을 나가는 청년들의 모습을 흔히 볼 수 있었다. 작은 포터블 라디오에 많이 쓰이던 소형 9볼트 건전지는 비싸기도 하려니와 수명이 얼마 가지 못해서 대개 라디오보다 몇 갑절이나 큰 배터리를 배보다 배꼽이 더 큰 형상으로

---

153 당시 '트랜지스터'라는 말은 일반적으로 전자 소자가 아니라 전기식이 아닌 전지식 소형 포터블 라디오를 뜻하는 대명사였다.

연결해서 사용했다. 한 시인은 〈격렬비열도(格列飛列島)〉라는 시에서 "로케트 건전지 위에 결박 지은 금성라디오 한번 때려 끄고 허리를 돌려 등뼈를 푼다. 가고 싶은 격렬비열도"라고 노래했다(장석남 1995).

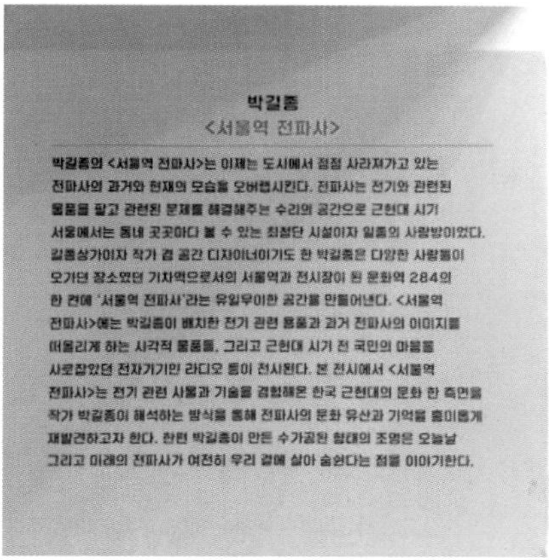

2019년 11월 18일에서 12월 13일까지 서울역 '문화역

그림 92 〈전기 우주〉 전시회에 전시된 〈서울역 전 ── 파사〉 소개글

서울 284'에서 개최된 〈전기 우주〉 전시회에는 작가 박길종의 작품 〈서울역 전파사〉가 전시되었다. 그는 작품 설명에서 이렇게 전파사의 문화적 공간으로서의 의미를 풀이했다.

이제는 도시에서 점점 사라져가고 있는 전파사의 과거와 현재의 모습을 오버랩시킨다. 전파사는 전기와 관련된 물품을 팔고 관련된 문제를 해결해주는 수리의 공간으로 근현대시기 서울에서는 동네 곳곳마다 볼 수 있는 최첨단 시설이자 일종의 사랑방이었다

이제 전파상은 도시에서는 어느새 자취를 감추었고, 라디오는 물론 텔레비전이나 그 밖의 전자기기들도 너무 흔해지고 하

그림 93 '서울역 전파사'에 전시된 전파상 진열장

루가 멀다 하고 새로운 모델이 나와서 수리를 하려는 사람은 거의 없고 조금만 낡아도 새로운 제품으로 교체하려는 경향이 일반적인 세태가 되었다. 애써 수리를 해서 써보려 해도 부품을 구하기 어려워 울며 겨자먹기로 새로운 제품을 구매할 수밖에 없는 경우가 태반이다. 유명 메이커 제품도 예외는 아니어서 서비스 센터에서는 은근히 새 제품의 구입을 권유하고, 집으로 출장 수리를 나온 전자회사 직원들 조차 납땜 인두를 휴대하지 않는 일도 부지기수이다.

그렇지만 전파상은 해방 이후 라디오와 텔레비전이 가정에 보급되고, 라디오 보이들이 자작 문화를 형성하는 과정에서 중요한 역할을 한 독특한 공간으로 기여했다. 향후 이러한 전파상에 대한 좀 더 진지한 사회학적, 인류학적 연구가 필요할 것이다.

나는 홀로 앉아 네게서 흘러나오는 불빛을 보았어
십대의 밤을 함께 보낸 나의 유일한 친구
내가 알아야 할 모든 것은 라디오에서 들었지
— 퀸 〈라디오 가가〉

　퀸이 1984년에 발매한 싱글 앨범 〈더 워크스(The Works)〉에
수록된 〈라디오 가가〉에서 전설적인 멤버인 프레디 머큐리는
텔레비전에 밀려서 점차 사라져가는 라디오를 그리워하며 이
렇게 노래했다. 노랫말에 들어 있듯이 라디오는 지난 시대에 무
수한 스타들을 배출시켰고, 화성인들이 침공했다는 우주전쟁
소식을 잘못 보도해서 한바탕 소동을 일으키기도 했다. 비록 지
금은 과거의 영광을 뒤로한 채 텔레비전은 물론이고, 인터넷과

유튜브, 그리고 SNS에 한참 밀려났지만, 지금도 여전히 많은 사람들은 라디오를 통해 음악을 감상하고, 뉴스와 교양 프로그램들을 즐겨 들으며 자극적이고 요란한 텔레비전이나 유튜브에 비해 차분하고 교육적인 매체의 지위를 유지하고 있다. 퀸이 노래했듯이 라디오의 시대는 아직 끝나지 않았다.

라디오는 총알을 막아준다고 여겨져 솜이불을 뒤집어쓰고 숨죽여 전황을 듣던 전쟁통부터 전후 폐허를 딛고 재건에 힘쓰던 60년대를 거쳐 고도성장을 이루던 70년대에 이르기까지 숱한 사람들에게 힘든 시절을 버텨내고 먼 세상의 새로운 소식을 알려주는 소중한 통로였다. 비싼 완성품 라디오를 살 여력이 없었던 사람들은 부품을 모아서 라디오를 자작하면서 다른 세상과의 소통을 꿈꾸었다.

우리나라에서 라디오 자작은 전쟁 이후 태어난 베이비붐 세대의 정체성 형성에서 중요한 한 측면을 차지한다. 특히 폐품에서 빼낸 부품으로 스스로 라디오를 조립해서 방송 수신에 성공하거나, 버려진 무전기를 고쳐서 멀리 다른 대륙에까지 전파가 보내는 데 성공한 경험은 당시 라디오 보이들에게 큰 자부심과 성취감을 주었다. 다음 세대인 라디오 보이들은 세운상가에서 부품들을 구입해 라디오를 조립하면서 그 의미를 공유했다는 점에서 5, 60년대에서 70년대까지 독특한 자작 문화를 형성하면서 스스로의 정체성을 빚었다. 이것은 미국의 DIY나 유럽의 크래프트(craft) 운동과도 또 다른 특징을 가졌다.

라디오 키즈의 탄생

그룹 〈비틀즈〉가 해산된 지 1주일도 안 된 1970년 4월 17일에 폴 매카트니가 솔로 활동을 시작하면서 처음 낸 음반에 수록된 노래 〈정크(Junk)〉는 이렇게 시작한다.

자동차, 핸들
2인 자전거
비탄에 잠긴 기념일
낙하산, 군화
2인용 슬리핑백
감상적인 파티

팔아요! 팔아요!
상점 진열장 속에는 이렇게 써 있지만
왜? 왜?
마당에 널브러진 고물들은
이렇게 묻지
…

촛대, 벽돌
낡고 새로운 물건들
당신과 나에 대한 추억들
…

이 노래는 그 후 존 덴버가 리메이크해서 우리나라에서는 존 덴버의 곡이 먼저 소개되는 바람에 당시 사람들은 존 덴버의 곡으로 알려져 있다. 너무 많은 사람들이 참가해서 집계를 할 수 없었다는 1969년의 우드스톡 페스티벌(Woodstock Music and Art Fair)은 록의 역사에서 절정이었고, 1970년 비틀즈가 해산하면서 많은 사람들은 더 이상 그런 시절이 오지 않을 것임을 직감했다.

이 노래에서 정크는 많은 것들을 상징하겠지만 일제 강점기와 해방, 전쟁과 분단을 거쳐 고도의 경제성장을 온 몸으로 겪은 사람들에게는 묘한 감상을 불러일으킨다. 지금도 무심코 들른 카페에서 장식용으로 전시해놓은 오래된 진공관 라디오나 인사동 골목에서 뜻밖에 마주친 049 엔진이 실린 모형비행기 앞에서 발길을 멈추고 붉은 볼을 한 소년처럼 홀린 듯 구경하고 있는 자신을 발견하곤 한다. 어린 시절 함석 물받이에 클립으로 광석 라디오의 안테나를 물리고 크리스털 이어폰으로 희미하게 들리는 방송을 찾느라 애쓰던 기억, 1960년대 국민학교 시절 과학과 공작을 줄여 '과공'이라고 스스로 호를 지을 만큼 공작을 좋아해서 당시 중구 필동에 막 생겼던 합동과학사의 진열 창문에 매달려 모형 자동차와 비행기들을 하염없이 구경하던 추억, 까까머리 중학생이 되어 무전기 트랜시이버를 자작하려고 세운상가에서 저항과 트랜지스터를 사던 기억 등을 가진 사람이 비단 필자만은 아닐 것이다.

해방 이후 장사동 키드는 당시 일제가 버리고 간 무전기나 미군들이 쓸모없다고 여긴 폐품들을 통해 자신들만의 쓸모를 찾아내서 의미를 부여했다. 이처럼 고쳐져서 원래의 기능을 회복하거나 부품을 통해 전혀 새로운 기능을 획득하게 될 가능성을 그 속에 내재하기 때문에 '정크는 고물이 아닌' 셈이다. 폴 매카트니가 노래했듯이 고물상의 정크들은 자신들이 있을 곳이 고물상이나 야적장이 아니라고, "왜? 왜?"라고 항변하고 있다. 그것은 전쟁 직후 헐벗었던 우리의 50년대와 60년대, 그리고 여전히 경제적으로 힘들었던 70년대 전체의 항변이기도 했을 것이다.

자작 문화는 한국전쟁에서 경제부흥기인 1970년대와 1980년대에 이르기까지 우리 문화에서 중요한 한 부분을 차지하고 있다. 당시 라디오 보이로 불릴 만큼 적극적인 활동을 한 사람들은 물론, 그렇지 않은 사람들에게도 광석 라디오, 아마추어 무선, 라디오 조립 키트, 세운상가의 전자부품 상가 등은 '공유된 기억'으로 남아 있다. 한국전쟁이 당시 전쟁에 참전했던 세대에게 '집단 상흔(傷痕)'을 남겼다면, 장사동 키드에서 라디오 보이에 이르는 전후 라디오 키즈에게 라디오 조립과 자작 문화는 그들의 정체성을 이루는 중요한 부분으로 공유된 기억일 것이다. 지금도 여러 인터넷 동호회들은 당시 세운상가를 헤매고 다니고 몸에 해로운 납 연기를 마시며 밤새 납땜을 하던 땜장이 시절을 추억하고, 지방의 문방구를 뒤져 수십 년 된 오래된 전자 키트를 구입해서 조립하는 모임을 갖기도 한다.

우리나라는 라디오와 텔레비전 기술이 모두 외국에서 수입되었고, 수입의 시차도 적어서 라디오와 텔레비전을 세대로 나누기 힘든 측면이 있다. 또한 라디오와 TV 모두 당시 정권의 여러 가지 정치적 목적과 결부되어서 이용자들이나 라디오 보이들의 적극적 역할을 분별해내기가 쉽지 않다. 그렇지만 해방 이후 1950년대 말 금성사의 A-501 라디오 출시를 거쳐 초기 광석 라디오에서 이후 규격화되고 양산된 전자 키트로 변형된 1980년대에 이르기까지 자작 문화가 당시 문화와 베이비붐 세대의 정체성 형성에 어떤 영향을 미치게 되었는지 분석하는 작업은 중요한 의미를 가진다.

일제 강점기에서 60년대와 70년대에 이르기까지 우리나라에서 라디오 자작 문화는 당시 세대들에게 중요한 집단적 경험이었다. 우리는 보통 함께 겪었던 중요한 역사적 사건이나 공통의 문화적 체험과 경험 등을 통해 동질성을 확인한다. '응답하라 ○○'와 같은 드라마가 인기를 누렸던 것도 당시 인기 있던 전자제품, 영화, 노래 등 깨알같은 디테일을 구현해서 같은 세대의 사람들에게 큰 공감을 이끌어냈기 때문이다.

설령 자신이 직접 납땜을 하고 라디오를 조립하지 않았다고 해도, 라디오를 중심으로 한 자작 문화는 우리 시대를 형성한 중요한 요소였다. 이 작은 책은 라디오의 사회문화사와 자작 문화를 살펴보려는 작은 시도이다.

이 책을 쓰는 과정에서 여러 분들에게 큰 도움을 받았다. 필자가 이 연구를 시작하게 된 계기는 대한민국역사박물관의 하정옥 학예연구관이 금성라디오 A-501에 대한 기획전시를 계획하면서 자문을 구해왔기 때문이었다. 짧은 기간 동안 예비 연구를 하면서 수십 년 동안 깊은 안쪽에 가라앉아 있던 많은 것들이 되살아났고, 세운상가를 헤집고 다니던 까까머리 중학생 시절의 기억들이 벅찰 정도로 한꺼번에 밀려왔다. 자료를 모으고 기억을 더듬어나가면서 이 연구가 개인적으로뿐 아니라 역사의 격동기에 라디오 문화사를 일궈온 많은 사람들에게도 중요한 의미를 가질 수 있다는 것을 깨달았지만, 생각보다 빨리 책으로 나오게 된 것은 한국출판문화산업진흥문화원의 지원과 채근 덕분이었다. 귀중한 자료를 아낌없이 지원해준 서울 SF아카이브의 박상준 선생님, 멀리 일본에서 희귀한 라디오 잡지들을 보내주신 안신숙 선생님, 기꺼이 출간을 허락해준 궁리출판사의 오랜 친구 이갑수 대표와 김현숙 주간에게 고개 숙여 감사를 표한다.

- 강기동, 2018, 『강기동과 한국 반도체』, 아모르문디
- 강준만, 2004, 『한국현대사산책 1960년대 3권, 419혁명에서 3선개헌까지』, 인물과사상사
- 강준만, 2010, 『미국사 산책 6, 대공황과 뉴딜혁명』, 인물과사상사
- 강홍빈, 2010, 『세운상가와 그 이웃들, 산업화의 기수에서 전자만물시장까지』, 서울역사박물관
- 고정일, 2015, 조선 창조경영의 도전자들, "선구적 봉사활동편 신상", 근대경영 선각 전택보(하), 주간조선
- 공보부, 1962, "전국 여론조사 결과보고서", 공고부
- 권보드래외, 2007, 『'소년'과 '청춘'의 창 – 잡지를 통해 본 근대 초기의 일상성』, 이화여자대학교 출판부
- 금성사, 1985, 『금성사 25년사』, 금성사
- 김동광, 2002, 『한국의 대중과학출판연구』, 한국과학문화재단
- 김동광, 2018, "메이커운동과 시민과학의 가능성", 『과학기술학연구』 18권 2호. 통권 36. 95-134쪽
- 김동광, 2020, "'라디오 보이'의 탄생", 『[대한민국역사박물관 자료연구 총서] 듣다, 상상하다: 금성 라디오 A-501』, 대한민국역사박물관
- 김병진, 1969, "회로집을 내면서" 『419회로집』, 과학기술사. 5쪽
- 김병진 편저, 1975, 『라디콘 기술입문』, 라디오기술사
- 김병진, 1984, "전 국민의 과학화 운동에 한가지라도 참여하자", 『라디오와 모형』 8주년 기념호

- 김서형, 2006, "프랭클린 루즈벨트(Franklin D. Roosevelt)와 정치적 설득: 노변담화(Fireside Chats)를 중심으로", 『미국학 논집』 38권 2호, 5-38쪽
- 김수영, 2003, 『김수영 전집 2 산문』, 민음사
- 김수영, 2018, 『김수영 전집 1 시』, 민음사
- 김영희, 2003, "한국의 라디오 시기의 라디오 수용현상", 『한국언론학보』 47(1), 140-165쪽
- 김창남. 2015. 『나의 문화편력기, 기억과 의미의 역사』 정한책방
- 김해수, 2007. 『아버지의 라디오, 국산라디오 1호를 만든 엔지니어 이야기』 느린걸음
- 김희숙, 2016, "라디오의 정치: 1960년대 박정희 정부의 '농어촌 라디오 보내기 운동'", 『한국과학사학회지』 38권 3호, 425-451쪽
- 남궁호, 창간에 붙여 "학생과 과학과 과학진흥" 《학생과학》 창간호 1965년 11월. 과학세계사
- 더글러스 수전, 2018, "초창기 라디오", 데이비드 크롤리, 폴 하이어 편저, 『인간커뮤니케이션의 역사 2』, 커뮤니케이션북스
- 마동훈, 2004, "초기 라디오와 근대적 일상; 한 농촌지역에서의 민속지학적 연구", 『언론과 사회』 77-79쪽
- 맹주천, "과학하는 마음을 기르자". 《과학세계》 1958년 10월호. 14쪽
- 모스 수잔 벅, 2004, 『발터 벤야민과 아케이드 프로젝트』, 김정아 옮김, 문학동네
- 무어스 샤언, 2008, 『미디어와 일상』, 임종수 김영환 옮김, 커뮤니케이션북스
- 문화공보부, 1973, 『全國民의 科學化運動』, 문화공보부 홍보자료(1973. 3. 20)
- 박익수(집필위원장)외, 1980, 『한국과학기술30년사』, 한국과학기술단체총연합회.
- 박은미, 2019, "신동엽 시인의 라디오 대본 연구", 『리터러시 연구』, 10권 2호, 477-502쪽
- 박흥용, 2008, 『쓰쓰돈 돈쓰 돈돈돈쓰 돈돈쓰』, 황매
- 벤야민 발터, 2005, 『아케이드 프로젝트』, 조형준 옮김, 새물결

라디오 키즈의 탄생

- 서울역사박물관, 2010, 『세운상가와 그 이웃들, 산업화의 기수에서 전자만물 시장까지』, 서울역사박물관
- 서정욱, 1996, 『미래를 열어온 사람들, 통신과 함께 걸어온 길』, 한국경제신 문사
- 서현진, 2001, 『끝없는 혁명, 한국 전자산업 40년의 발자취』, 이비커뮤니케이션.
- 송상용, "과학지의 어제와 오늘", 한국과학저술인협회보 제 3호. 1983. 10. 20.
- 스털링 크리스토퍼, 존 키트로스, 2018, "라디오 프로그램의 황금시대", 데이 비드 크롤리, 폴 하이어 편저, 『인간커뮤니케이션의 역사 2』, 커뮤니케이션 북스
- 안창모, 2005. "세운상가 - 태평양전쟁의 사생아, 광복 60년 극단의 도시 삶 이 펼쳐졌던 곳." 건축과사회, 2005. 07
- 언메이크랩 송수연, 최빛나, 2016, 『키트의 사회문화사』 비매품
- 요시미 순야, 2005, 『소리의 자본주의-전화, 라디오, 축음기의 사회사』 송태 욱 옮김, 이매진
- 요시미 순야, 2006, 『미디어 문화론』, 커뮤니케이션북스
- 유하, 1995, 『세운상가 키드의 사랑』, 문학과지성사
- 윤상길, 2011, "1960년대 한국 라디오 테크놀로지의 '부락화'" 한국방송학회 엮음, 『한국방송의 사회문화사, 일제 강점기부터 1980년대까지』, 한울
- 윤상길, 2019, "1960년대 중후반기 박정희 정부의 유선방송 일원화사업에 대한 연구" 한국언론학보 63(1), 46-79쪽
- 웰시, 데이비드, 2000, 『독일 제3제국의 선전정책』, 최용찬 옮김, 혜안
- 이정욱, 2019, "일제 강점기 무라야마 도모요시(村山知義)와 재일본 조선인 연극", 『인문사회 21』, 10권 4호, 1589-1604쪽
- 장영민, 2019, "냉전기 한국 라디오 수신기의 생산과 보급", 『언론정보 연구』 서울대학교 언론정보연구소 58권 4호, 52-116쪽
- 정민, 1961, "유선방송의 개관, 유선방송을 운영하고 있는 사람, 또는 운영하 려는 사람을 위한 지침", 《전파과학》 1961년 3월호, 8쪽
- 정철운, 2018, 『요제프 괴벨스, 프로파간다와 가짜뉴스의 기원을 찾아서』, 인

물과사상사

- 재무부, "밀수단속책 보고" 재세 3736호, 단기 4294년 11월 22일
- 조계숙, 2014, 국가이데올로기와 SF, 한국 청소년 과학소설-《학생과학》지 수록작을 중심으로,『대중서사연구』20권 3호, 415-442쪽
- 조응천, 1959, "시대와 호흡을 같이하는 생활",《전파과학》창간호
- 조희연, 2007,『박정희와 개발독재시대 – 5·16에서 1026까지』, 역사비평사
- 조희연, 2010,『동원된 근대화, 박정희 개발동원체제의 정치사회적 이중성』, 후마니타스
- 주영중, 2012, "미디어를 통해 본 김수영의 시세계, 대중매체와의 관계를 중심으로",『한국문학연구』43, 7-43쪽
- 정민, 1961, "유선방송의 개관, 유선방송을 운영하고 있는 사람, 또는 운영하려는 사람을 위한 지침",《전파과학》1961년 3월호
- 정철운, 2018,『요제프 괴벨스, 프로파간다와 가짜뉴스의 기원을 찾아서』, 인물과사상사
- 최창봉, 강현두, 2001,『우리 방송 100년』방일영문화재단 한국문화예술총서 11, 현암사
- 최형섭, 1973, "國力培養과 國民의 科學化運動", 전 국민의 과학화를 위한 전국교육자대회 기조연설문
- 프리메르트 춥, 2000, "라디오의 세계, 라디오의 역사와 청취형태", 볼프강 루페르트 엮음.『일상의 기호, 대량소비문화의 역사적 탐색』, 윤영 옮김, ㈜ 조형교육
- 한국전자정보통신산업진흥회(KEA), 2019,『대한민국전자산업 60년의 기적, 전자산업 60년사 1959-2019』
- 후루이치 노리토시, 2014,『절망의 나라의 행복한 젊은이들』이언숙 역, 민음사
- Balk Alfred, 2006, *The Rise of Radio, From Marconi through the Golden Age*, McFarland & Company, Inc., Publisher
- Dunlop John Boyd, 1888, "An Improvement in tyres of wheels for bicycles, tricycles or other road cars" British Patent 10607

- Horten Gerd, 2002, *Radio goes to War, The Cultural Politics of Propaganda during World War II*, University of California Press
- Pinch Trevor and Wiebe E. Bijker, 1987, "The social construction of facts and artifacts; or how the sociology of science and the sociology of technology might benifit each other?" in Wiebe E. Bijker, Thomas P. Hughes, and T. Pinch(edit), *The Social Construction of Technological Systems; New Directions in the Sociology and History of Technology*, The MIT Press, pp.17-50
- Yuzo Takahashi, 2000, "A Network of Tinkerers: The Advent of the Radio and Television Receiver Industry in Japan", *Technology and Culture*, Jul., 2000, Vol. 41, No. 3 (Jul., 2000), pp.460-484
- 岡本次雄, 1963. アマチュアのラジオ技術史. 東京 誠文堂新光社

신문, 인터넷, 기타

- "1959년 금성사 라디오"한국경제, [건국 60년…도전의 순간들] (3), 2008. 08. 05
- "1973년도 연두기자회견"(1973년 1월 12일), 『박정희대통령연설문집 제10집』, pp.58-59, 대통령비서실
- "과학입국 희망걸고 초지일관 33년" 1989년 8월 11일자 국민일보 기사. 205호 8쪽
- "科學출판 大衆化연 '외곬人生'"《한국일보》, 1991년 4월 20일자
- "국산 라디오의 기원을 찾아서", 2018. 3. 12, 별별라디오, https://m.blog.naver.com/modern_radio_lab/221226800250
- 김천욱, 연세대학교, 명예교수, 한국기계공업사-33, 한국기계공업사-라디오) 인터넷 SOONDORI "audioPUB2018-10-18 DATABASE0"
- "미 우주인 내한", 〈대한뉴스〉 750호(1969년 11월 8일)
- "세상을 바꾼 전략, 루스벨트의 소통",《중앙선데이》2017. 03.12 522호 24쪽

- "세운상가에서 미사일? 내가 실제 만들었죠" [김경년의 I.인터뷰.U] 세운상가 발명왕 '차 전자' 차광수 대표. 오마이뉴스 2017. 09. 27.
- "안국동 로타리에서"창간호 편집후기 내용 중 일부, 《학생과학》1965년 11월호 128쪽
- 오원철, [산업전략군단사] (132) 전자공업 태동, 1993. 07. 06.
- "우리나라 라디오 회로 발달사", 《전파과학》1969년 10월호, 55쪽
- "조국이 사는 길은 科學立國뿐이었다". 『인사이더월드』 통권 48호, 1993년 10월호, 인터뷰기사
- 좌담회 "제1회 한국전자전람회 라디오 조립 경연대회를 앞두고", 《전자과학》1969년 11월호, 122-123쪽
- "특집 유선방송의 이모저모. 농촌의 귀염둥이 유선방송은 이렇게 되어 있다", 《전파과학》1961년 3월호, 전파과학사, 5-9쪽
- "편집후기"《전파과학》1961년 3월호
- [한국전자전]1969년부터 한국 전자산업 발전과 함께 한 전시회, 《전자신문》 발행일 : 2016.10.25 13:00

라디오 키즈의 탄생

라디오 키즈의 탄생

라디오 키즈의 탄생

1판 1쇄 찍음 2021년 11월 25일
1판 1쇄 펴냄 2021년 11월 30일

지은이 김동광

주간 김현숙 | **편집** 김주희, 이나연
디자인 이현정, 전미혜
영업 백국현, 정강석 | **관리** 오유나

펴낸곳 궁리출판 | **펴낸이** 이갑수

등록 1999년 3월 29일 제300-2004-162호
주소 10881 경기도 파주시 회동길 325-12
전화 031-955-9818 | **팩스** 031-955-9848
홈페이지 www.kungree.com
전자우편 kungree@kungree.com
페이스북 /kungreepress | **트위터** @kungreepress
인스타그램 /kungree_press

ⓒ 김동광, 2021.

ISBN 978-89-5820-754-2   03300

이 책은 한국출판문화산업진흥원의 '2021년 인문 교육 콘텐츠 개발 지원' 사업을
통해 발간된 도서입니다.